현직 역사 교사들이 '제대로' 쓴 알차고 재미있는 한국사!

머리 아프게 공부해야 하는 역사가 아닌, 즐기면서 푹 빠져 읽을 수 있는 역사책. 풍부한 사료를 씨줄과 날줄로 삼아 옛사람들의 삶을 생생하게 되살려 낸 점이 돋보인다. 아이들이 진실한 이야기의 속맛을 느끼며, 역사 속으로 빠져들기를 기대한다.
– **김태웅** 서울대학교 역사교육과 교수

아이들의 독서 습관을 잘 아는 선생님들이 '제대로 된' 역사책을 펴냈다. 참 쉽다. 그러면서도 왜 역사가 우리의 삶과 성장에 필요한지를 몸소 느끼고 체험할 수 있게 써 놓았다. 《제대로 한국사》와 함께 우리 역사를 마음껏 탐구해 보자. 두둥두둥~ 자, 출발!
– **장용준** 함평고등학교 교장

아이들이 읽을 역사책은 무엇보다도 내용이 아이들에게 딱 맞는 제대로 된 것이어야 한다. 학교 현장에서 '살아 있는 역사 교육'을 실천해 온 전국역사교사모임 선생님들이 가꾼 한국사 텃밭이라면 우리 아이들이 '제대로 자랄 수 있는' 놀이터이자 우리 역사를 '제대로 느낄 수 있는' 배움터로 충분할 것이다.
– **전병철** 공주생명과학고등학교 교사

역사는 이야기다. 사람들이 있고, 사람들이 한 일이 있고, 그 사이 시간이 흘러간다. 《제대로 한국사》는 지금껏 이 땅에 살았던 사람들의 삶을 끊어지지 않는 이야기로 이어 놓았다. 누구든지 제 삶을 거짓 없이 돌아볼 수 있어야 앞날을 희망으로 그릴 수 있다. 이 책을 읽는 아이들이 만들어 갈 세상이 희망적인 까닭이다.
– **김강수** 수동초등학교 교사, 전국초등국어교과모임 회장

왕이나 위인들만의 역사가 아닌 보통 사람들의 이야기도 담겨 있는 역사책. 역사에 등장하는 인물들의 마음과 생각을 이해할 수 있으며, 초등 역사에서 꼭 알아야 하는 인물사, 생활사, 문화사 등 한국사를 '제대로' 담고 있다. 재미있으면서 가볍지 않고, 진지하면서도 무겁지 않다.
– **문재경** 부산효림초등학교 교사, 전국초등사회교과모임 공동 대표

우리 역사의 큰 흐름을 재미있는 내러티브로 이어 가고 있는 책이다. 관점은 믿음직하고 이야기는 유려하며 내용은 알차다. 아이들에게 권할 만한 '제대로 된 이야기 한국사' 책이 나와 반갑다. 내 아이에게 꼭 읽히고 싶다.
— **이성호** 서울배명중학교 교사, 역사교육연구소 어린이분과 연구원

아이들은 역사에서 오늘을 사는 우리의 삶을 비판적으로 읽어 낼 수 있어야 한다. 왕과 영웅의 역사 이야기 속에서도 언제나 약자였던 백성의 힘을 통찰할 수 있는 눈을 가져야 한다. 이 책은 교과서가 빠뜨린 '역사를 바르게 보는 눈'을 아이들에게 제공한다.
— **박진환** 논산내동초등학교 교사

'읽는 재미'와 '감동'을 선사하는 《제대로 한국사》는 교과서의 보조 교재로 사용하고 싶을 정도로 역사 고증에 충실하다. 이 책을 읽은 아이들은 역사는 암기가 아니라 그 시대를 살아간 사람들이 만들어 간 이야기이고, 역사를 배우는 의미는 깊이 있는 통찰력을 얻기 위해서라는 사실을 자연스럽게 깨닫게 될 것이다.
— **이어라** 의정부여자고등학교 교사

어릴 때 누구나 한번쯤 가져 봤던 궁금증. 내 아버지의 아버지, 아버지의 아버지는 어떤 사람이었을까? 내 어머니의 어머니, 어머니의 어머니는 어떻게 살았을까? 그 질문에 대한 가장 정성스럽고 현명한 답이 들어 있는 책. 박물관의 유물로만 여겨지던 역사를 살아 숨쉬는 사람의 이야기로 들려주는 책이다.
— **김선정** 남양주월문초등학교 교사

시간의 흐름을 놓치지 않고 우리 역사의 시작부터 지금에 이르기까지를 다룬 《제대로 한국사》는 '살아 있는 이야기'로 다가온다. 이 책을 만나는 사람 모두가 지나온 길을 돌아보는 용기와 앞길을 내다보는 웃음을 얻을 것이라 믿는다.
— **윤승용** 남한산초등학교 교사

전국역사교사모임
선생님이 쓴
제대로
한국사
2

전국역사교사모임
선생님이 쓴

제대로
한국사

2

삼국에서 남북국으로

전국역사교사모임 지음

휴먼
어린이

초대하는 글

역사책을 읽으며 웃고 우는 너희를 보고 싶다

《제대로 한국사》를 막 펼쳐 든 아이들아! 이 책은 우리나라 역사에 대해 쓴 책이란다. 이 책을 쓴 우리는 모두 학교에서 역사를 가르치는 선생님이면서, 너희 같은 아들딸을 둔 부모이기도 해. 너희는 '역사', '역사책'이라고 하면 어떤 생각이 떠오르니?

민경 아, 또 역사책이에요? 엄마가 들이미는 역사책은 재미없고 지루한데……. 나는 '해리 포터' 시리즈 같은 소설책이 좋아요. 한번 읽기 시작하면 점점 빠져들고, 뒷이야기가 궁금해서 견딜 수가 없거든요. 수많은 사람의 삶에 대한 이야기를 읽고 나면 감동도 밀려와요. 하지만 역사책은 별로 재미도 없고 감동도 주지 않으면서 괜히 폼만 잡아요. "이것도 알아야 한다.", "저것도 중요하다."라며 외워야 할 것만 죽 늘어놓고 있어요.

역사가 재미없다고? 그래 맞아. 너희가 그렇게 생각하는 것도 무리는 아니지. 역사 속 수많은 사람의 사는 이야기 대신 이름만 남고, 무슨 뜻인지도 모르고 외워야 할 제도만 남은 역사책은 재미없는 게 당연하단다. 하지만 역사야말로 수많은 사람이 얽히고설키면서 만들어 간 가장 웅장하고 아름다운 이야기, 가장 극적인 울트라 수퍼 드라마란다.

우리는 옛사람들의 삶과 이야기가 묻어나는 살아 있는 역사를 들려주고 싶었단다. 딱딱한 제도와 이름에 숨결을 불어넣어서 너희와 생생하게 만나게 하고 싶었어. 그래서 우리는 옛사람들이 남긴 책과 유물, 유적, 다양한 흔적 등을 열심히 살펴보았단다. 이러한 것들을 '사료'라고 하지. 옛사람들의 숨결과 생각이 담긴 사료들은 아주 생동감 있고 진실한 이야기로 다시 태어나서 너희에게 그 시대 사람들의 삶을 실감 나게 보여 줄 거야.

형주 나는 역사책을 좋아해요. 역사책을 읽으면 새롭게 배우는 게 많거든요. 최초의 근대적 조약은 강화도 조약이고, 최초의 근대적 병원이 광혜원이라는 것도 알아요. 대단하죠? 그런데 도대체 '근대적'이라는 말이 무슨 뜻이에요?

형주는 아는 것이 정말 많구나! 그런데 역사 공부는 퀴즈 대회를 준비하는 것과는 다르단다. 역사를 좋아하고 역사책을 많이 읽었다고는 하지만, 역사라는 커다란 그림을 보지 못하는 친구들도 많단다. 길을 갈 때 보도블록의 모양을 자세히 들여다보느라고 내가 어디로 가고 있는지 보지 못하는 경우처럼 말이야.

시간의 흐름을 칼로 자를 수 없듯이 역사도 계속 이어진단다. 한 사건은 다른 사건을 낳고, 그 사건은 또 다른 사건으로 이어지고……. 눈에 보이지 않는 작은 변화들이 모여서 어느덧 완전히 다른 모습의 사회가 만들어지기도 했단다. 그 속에서 사람들이 어려움을 이겨 내기도 하고, 길이 기억될 만한 멋진 문화유산을 남기기도 했지. 이렇게 큰 그림을 보듯 역사를 만나면, 어느덧 사회를 읽는 눈과 사람을 보는 눈을 키울 수 있단다.

우형 우리나라 역사는 갑갑해서 싫어요. 피라미드나 베르사유 궁전처럼 크고 화려한 유적도 없고, 땅덩이도 좁고, 맨날 다른 나라한테 얻어 터지기나 하고. 우리나라 역사를 읽으면 우울해져요. 우리가 일본보다 먼저 서양 문물을 받아들였다면, 일본의 식민지가 되지도 않았을 테고, 만주 땅도 다 우리 땅이 되었을 텐데 말이죠.

우리가 힘이 세서 다른 나라에 쳐들어갔다면 자랑스러운 역사일까? 자랑스러운 역사, 빛나는 역사는 땅덩어리의 크기나 전쟁의 승리로 정해지는 것이 아니란다. 《제대로 한국사》를 읽다 보면, 우리나라 사람들이 얼마나 열심히 씩씩하게 살아왔는지를 알게 될 거야. 끊임없는 전쟁 속에서도 굳건히 가꾸어 온 희망, 온갖 위기와 역경을 헤쳐 나온 지혜, 좌절을 딛고 일어선 용기를 배울 수 있을 거야. 그러면서 너희는 분명 우리나라 역사를 사랑하게 될 거야.

너희가 만들어 갈 세상은 우리가 살아온 지난날보다 더 나은 모습이기를 바란다. 미래를 만들어 가는 데 과거를 돌아보는 것만큼 도움이 되는 것도 없지. 우리는 《제대로 한국사》가 너희에게 그런 도움을 주었으면 하고 간절히 바란단다.

지금부터 우리 조상들이 살아온 5000년의 이야기, 꿈을 꾼 사람들, 희망을 노래한 사람들, 성공한 사람들과 좌절한 사람들, 실패한 듯 보였지만 역사 속에서 살아난 사람들의 이야기를 들려줄게. 그 속에서 너희가 주인공이 될 멋진 미래를 꿈꾸어 보렴.

2015년 10월
글쓴이들

차례

초대하는 글 • 4

1 피할 수 없는 전쟁의 기운

고구려, 중국에 맞서다 • 12
외교, 또 하나의 전쟁 • 24
운명을 건 마지막 전투 • 32
만약에 신라가 삼국을 통일하지 않았다면? • 44
문화재를 찾아서 죽은 자를 지키는 사신도 • 46

2 남과 북의 두 나라

남과 북의 두 나라, 신라와 발해 • 50
경쟁과 교류 속에서 성장한 발해 • 60
꽃피는 신라 문화 • 70
세계 속의 한국인 혜초, 천축국을 여행하다 • 82
문화재를 찾아서 천년의 신비, 석굴암 • 84

제대로 한국사 2

3 무너지는 왕국

흔들리는 왕국 • 88
깊어 가는 갈등 • 98
새 시대의 주인공 • 108
만약에 내가 만약 신라 말의 6두품이었다면? • 116

연표 • 118
사진 자료 제공 • 123
찾아보기 • 124

600년
612년 고구려, 살수 대첩
645년 고구려, 안시성 싸움 승리
648년 신라 김춘추, 당에 군사 원조 요청

660년
660년 백제 멸망
663년 백강 전투
668년 고구려 멸망

1
피할 수 없는 전쟁의 기운

680년
682년 신라 신문왕, 국학 설립
685년 신라, 9주 5소경 완성

670년
671년 신라, 기벌포 전투 승리
675년 신라, 매소성 전투 승리
676년 신라, 삼국 통일

고구려, 중국에 맞서다

중국 대륙을 통일한 수나라

국경에 머무르던 사신이 말을 타고 밤낮을 달려 평양성에 도착했다.

"아뢰옵니다. 수나라가 남쪽의 진나라를 멸망시키고 중국을 통일했습니다."

고구려의 평원왕은 몸을 부르르 떨었다. 한나라가 멸망한 뒤 무려 367년 만에 통일 제국이 등장한 것이다. 지금까지 중국의 분열 상태를 이용해 세력을 키워 온 고구려로서는 반갑지 않은 소식이었다. 고구려는 부산하게 움직였다. 수나라에 사신을 보내는 한편, 앞으로 닥칠지도 모르는 수나라의 침입에 대비해 성벽을 수리하고 군사를 정비했다.

수나라 왕, 문제는 북쪽의 유목 민족을 차례로 제압한 뒤 고구려로 눈을 돌렸다. 고구려는 천하의 중심이라고 자부하면서 중국 황제에게 머리를 숙이지 않았던 나라로, 북쪽의 돌궐과 손을 잡고 수나라를 견제하려고 했다. 만약 돌궐과 고구려가 손을 잡는다면 수나라의 북쪽 국경은 위험해질

6세기 후반 이후의 십자 외교
동북아시아는 고구려와 수(당)라는 강력한 두 나라를 중심으로 남북과 동서로 나뉘어 힘을 겨뤘다.

터였다. 수나라에게 고구려는 눈엣가시 같은 존재였다.

수나라가 점점 조여 오자 고구려는 말갈 병사들을 이끌고 요서 지방을 먼저 공격했다. 수나라의 문제는 30만 대군을 보내어 고구려를 공격했지만, 홍수와 질병으로 제대로 싸워 보지도 못한 채 크게 패하고 돌아가야 했다.

문제의 뒤를 이은 양제는 "고구려의 왕이 직접 찾아와 머리를 숙이지 않으면 군사를 이끌고 가겠다."며 으름장을 놓았다. 돌궐은 이미 수나라에 항복했고 신라는 고구려를 정벌해 달라며 오히려 수나라를 거들었다. 고구려는 수라는 거대한 제국의 공격에 또다시 홀로 맞서야 했다.

1 피할 수 없는 전쟁의 기운 · 13

수 양제의 백만 대군

612년, 수나라의 양제는 113만 명의 대군을 이끌고 직접 고구려 공격에 나섰다. 한편 해군 4만 명을 바다 건너 대동강 주변에 진출시켰다. 육군과 함께 평양성을 공격하려는 계획을 세웠던 것이다.

양제의 군대는 출발하는 데만 40일이 걸렸다. 행렬의 길이가 무려 1000리였으니, 서울에서 부산에 이르는 거리이다. 색색의 깃발을 들고 줄지어 걸어가는 행렬이 산과 들을 가득 메웠다. 수나라의 백만 대군은 석 달을 걸어 국경 지역인 랴오허 강에 도착했다. 어렵게 강을 건넌 수나라 군대는 단 이틀 만에 요동성을 포위했다.

고구려는 처음 몇 차례 수나라 군대와 맞서 싸우더니 성안으로 들어가서 나오지 않았다. 수나라의 강한 백만 대군을 상대로 들판에 나가 싸우는 것은 절대적으로 불리했기 때문이다. 곡식을 비롯해 적이 사용할 만한 물자들은 모두 성안으로 옮기고 나머지는 불태워 버렸다. 고구려군은 성을 지키고 있다가 기회를 보아 기습하려는 작전을 세웠던 것이다.

"돌격하라! 제일 먼저 성에 오르는 병사에게 큰 상을 내리리라."

수나라 군사들이 긴 사다리를 들고 성벽을 향해 돌진했다. 한 손에 도끼를 든 채 사다리를 타고 올라오는 수나라의 장수는 보기만 해도 무시무시했다. 그러나 고구려의 병사들은 결코 물러서지 않고 자신이 맡은 자리를 굳건히 지켰다. 수나라 군사는 아무도 성안으로 들어갈 수 없었다. 수나라 군사들은 투석기를 이용해 커다란 돌덩이를 날렸지만 성벽은 좀처럼 허물어지지 않았다. 요동성은 넉 달이 지나도록 꿈쩍도 하지 않았다.

양제는 오도 가도 못 하는 처지가 되고 말았다. 요동성을 포기하고 다른 성으로 진격할 수도 없었다. 고구려의 성들은 서로를 지키는 절묘한 위치에 있었기 때문에 요동성을 두고 다른 성을 공격한다면 반드시 뒤와 옆에서 공격을 당할 것이 뻔했다. 수나라의 백만 대군은 넉 달 동안 고구려의 성을 단 하나도 빼앗지 못했다.

을지문덕과 살수 대첩

고심하던 수나라 양제는 특별 부대를 뽑아 평양으로 진격하게 했다. 우중문과 우문술이 이끄는 30만 명의 특별 부대가 평양을 향해 출발했다.

병사들은 많은 짐을 짊어졌다. 한 손으로 갑옷을 들었고, 다른 한 손으로는 무기를 들었다. 또 식량을 대 줄 부대가 없었기 때문에 100일 치 식량을 등에 짊어졌다. 오랜 전투로 지친 군사들에게 등에 진 식량은 너무도 무거웠다. 날씨는 점점 더워지고 행군은 갈수록 힘겨워졌다. 병사들은 몰래 식량을 땅에 파묻으며 길을 걸었다.

우중문이 이끄는 부대가 압록강까지 진격해 왔을 때였다. 고구려의 을지문덕 장군이 수나라의 진영을 찾아왔다. 을지문덕은 항복할 테니 협상을 하자고 했지만 사실은 시간을 끌고 적군의 상황을 살펴보기 위함이었다. 을지문덕은 수나라 병사들이 몹시 지친 데다 식량도 많지 않다는 사실을 파악한 뒤 수나라 진영을 빠져나왔다.

그 뒤 고구려군은 공격하는 척하다가 도망치기를 되풀이했다. 수나라 장수들은 숨을 헐떡이면서도 조금만 더 쫓아가면 승리를 거둘 수 있을 것

같아 추격을 멈추지 않았다. 결국 수나라 군대는 고구려 땅 깊숙이 들어와 버렸다.

한편 내호아가 이끄는 4만 명의 수나라 해군이 먼저 대동강에 도착했다. 홀로 공을 세우고 싶었던 내호아는 우중문의 군대를 기다리지 않고 평양성을 공격했다. 하지만 평양성에 들어온 수나라 병사들은 고구려군의 공격을 받아 전멸하고 말았다.

한여름의 찌는 듯한 더위 속에서 행군을 계속한 우중문의 군대가 드디어 평양성 가까이에 도착했다. 100일 치 식량은 이미 바닥났는데 만나기로 한 해군은 어디에도 보이지 않았다. 그때 을지문덕의 시 한 수가 날아들었다.

> 신묘한 작전은 하늘의 이치를 꿰뚫고
> 기묘한 전략은 땅의 이치를 통달했도다.
> 전쟁에서 승리한 공이 이미 높으니
> 만족함을 알고 그만 돌아가기를 바라노라.

수나라 군대는 더 이상 식량도, 싸울 힘도 없었다. 우중문은 퇴각을 명령했다. 왔던 길을 되돌아가야 하는 병사들의 발걸음은 한없이 무거웠다. 돌아가는 수나라 군대가 살수(오늘날의 청천강)에 이르렀을 때 고구려군이 총공격을 시작했다. 얕은 강이라도 강을 건넌다는 것은 위험한 일이다. 강을 건너는 도중에는 군사들이 분산되게 마련이며, 적의 기습에 쉽게 무너질 수 있기 때문이다. 신중하게 강을 건너야 했지만 수나라의 군대는 마음이 급했고, 결국 고구려군의 습격을 받아 크게 패했다. 수나라 군사 30만 명 가운데 살아 돌아간 사람은 2700여 명에 지나지 않았다. 이 전투를 '살수 대첩'이라고 한다.

고구려를 점령하겠다는 미련을 버리지 못한 수나라 양제는 다음 해에도 군사를 모아 요동성을 공격했으나 실패했다. 백성들의 고통을 외면한 채 전쟁을 거듭했던 수나라는 결국 30년 만에 멸망하고 말았다.

연개소문, 정변을 일으키다

수나라가 멸망하고 당나라가 들어섰다. 그 뒤 30년 동안 당나라와 고구려는 평화로운 관계를 유지했다. 하지만 당나라가 고구려 원정을 포기한 것은 아니었다. 동북아시아의 진정한 강자를 가리기 위해 전쟁은 피할 수 없었다. 당나라는 다만 수나라의 실패에서 교훈을 얻어 제국의 기틀을 튼튼히 다지기 위해 숨 고르기를 하고 있을 뿐이었다.

고구려 역시 수나라와의 오랜 전쟁에서 입은 상처를 회복할 시간이 필요했기 때문에 당나라와의 충돌을 되도록 피하려고 했다. 그렇지만 당나라가 언젠가 칼을 겨누리라는 것을 알고 있었다. 그래서 고구려는 16년에 걸쳐 국경 지방의 성과 성을 연결해 천리 장성을 쌓았다.

당나라와의 친선 관계는 더욱 무르익은 것처럼 보였다. 640년, 고구려의 태자가 당나라를 방문해 황제에게 인사를 올렸다. 고구려로서는 처음 있는 일이었다. 게다가 수나라의 포로들도 풀어 주었다.

한편 고구려에는 당나라에 대한 평화 정책을 매우 못마땅하게 여긴 사람들이 있었다. 연개소문을 비롯한 강경파들은 당나라와의 결전을 준비해야 한다고 주장했다.

"당은 반드시 고구려를 침략할 것입니다. 우리의 운명을 당에 맡길 수는 없지 않습니까? 늦기 전에 전쟁 준비를 해야 합니다."

하지만 영류왕의 생각은 달랐다. 태자 시절에 수나라 해군을 맞아 용감하게 싸워 평양성을 지켜 냈던 영류왕이었지만, 당나라와의 전쟁에는 반대했다.

"수나라와의 오랜 전쟁으로 우리는 많은 피해를 입었소. 무엇보다 전쟁에 지친 백성들의 삶을 돌봐야 하오. 우리가 강해지기 위해서 당분간 당과의 평화를 유지해야만 할 것이오."

살다 보면 싸워야 할 때가 있는 법이다. 하지만 전쟁은 승자와 패자 모두에게 커다란 상처를 남긴다. 전쟁은 사람들의 삶을 송두리째 앗아가 버리기 때문이다. 지금은 싸워야 할 때인가, 평화를 지켜야 할 때인가.

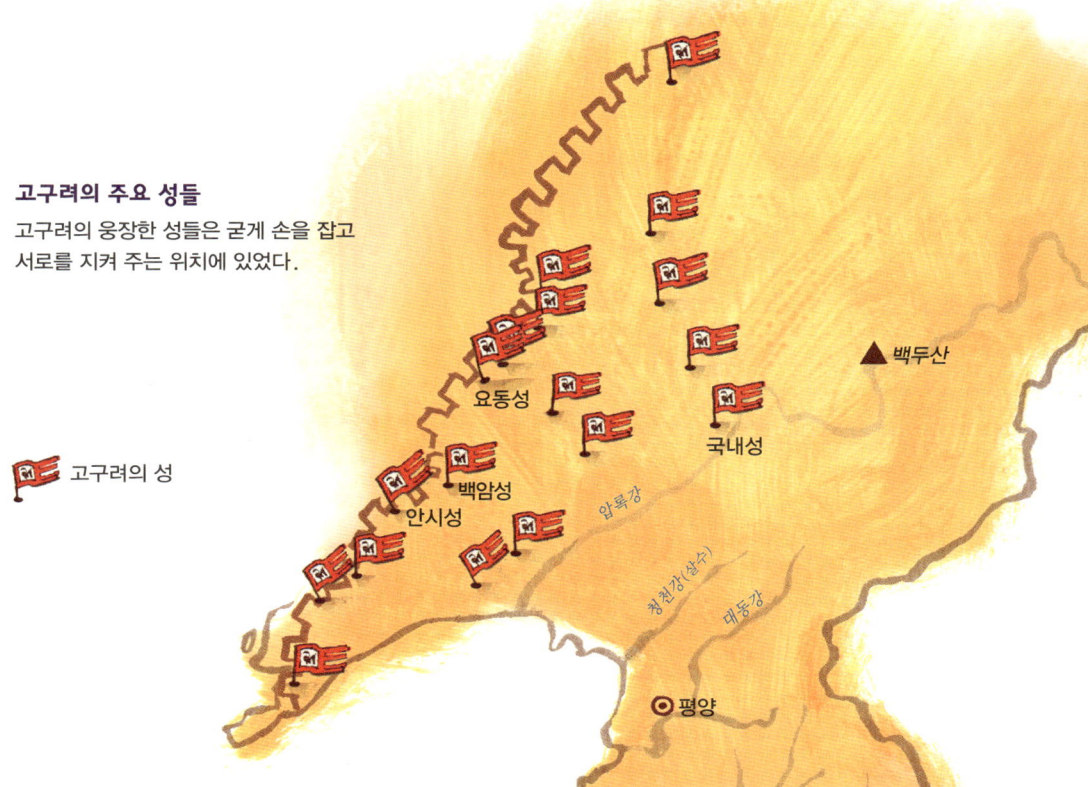

고구려의 주요 성들
고구려의 웅장한 성들은 굳게 손을 잡고 서로를 지켜 주는 위치에 있었다.

전쟁을 둘러싸고 고구려 지도층 사이의 갈등이 깊어지고 있었다. 연개소문은 642년에 자신을 제거하려는 왕과 귀족들의 속셈을 알아채고, 먼저 군사를 동원해 영류왕을 죽인 뒤 영류왕의 동생인 보장왕을 세웠다. 그리고 스스로 대막리지 벼슬에 올라 정권을 독차지했다.

당나라의 침입과 안시성 항쟁

연개소문의 소식을 들은 당나라 태종은 드디어 때가 왔다고 판단했다. 태종은 아직 고구려에는 연개소문에 반대하는 세력이 있을 것이고, 100명이 넘는 신하를 살해했으니 고구려의 군사력도 많이 약화되었을 것이라고 생각했다. 드디어 태종은 명령을 내렸다.

"감히 일개 신하로서 왕을 살해하다니……. 천하의 주인인 내가 보고만 있을 수 없구나. 정의를 세우고 질서를 바로잡아야 할 것이다. 내가 직접 연개소문을 벌주기 위해 고구려로 갈 것이니, 군사를 동원하고 전쟁을 준비하라."

당나라 태종은 15만 명의 군사를 이끌고 고구려로 출발했다. 요동성은 이번에도 꿋꿋이 버텼다. 하지만 전투를 벌인 지 12일째가 되자 전세가 역전되었다. 한순간 바람의 방향이 바뀌며 돌풍이 불자 때를 놓치지 않고 당나라 군대가 불화살을 쏘았다. 요동성은 불바다가 되어 무너지고 말았다. 요동성을 함락한 당나라 군대는 백암성으로 향했다. 하지만 백암성은 성주가 당나라와 내통하는 바람에 싸움 한 번 제대로 하지 못한 채 빼앗겼다.

국경 지역의 여러 성을 순식간에 차지한 태종은 다음 목표인 안시성을 포위했다. 평양에서는 안시성을 구하기 위해 15만 명의 지원병을 보냈다. 하지만 지원 부대는 허무하게 패했고, 살아남은 3만 6000여 명의 병사는 당나라에 항복했다.

안시성은 고립되었다. 보급은 끊겼고 도와주러 올 군대도 없었다. 당나라의 군대는 자신감이 넘쳤다. 병사의 수로 보나 가지고 있는 무기로 보나, 누가 봐도 당나라가 이기는 싸움이었다.

그러나 안시성의 문은 좀처럼 열리지 않았다. 다른 성과는 달리 당나라와 내통하는 자도 없었다. 안시성 사람들은 사랑하는 가족과 삶의 터전을

백암성
백암성은 요동성에서 압록강 방면으로 나아가는 교통로의 길목에 있는 요충지였다.

지키기 위해 목숨을 걸고 하나가 되어 맞서 싸웠다.

당나라 군대가 흙을 날라서 산을 쌓기 시작했다. 안시성의 성벽보다 높게 쌓을 수 있다면 안시성을 공격하는 것은 식은 죽 먹기라고 생각했다. 산 위에서 성을 향해 불화살을 날리거나 갈고리를 걸어 성벽을 무너뜨릴 수도 있고, 성안으로 병사들을 들여보낼 수도 있을 것이다.

당나라 군대는 60일 동안 산을 쌓았고, 산은 성벽 높이와 비슷해졌다. 안시성 사람들은 바짝 긴장했다. 그런데 갑자기 흙산의 한쪽이 무너져 성벽과 맞닿았다. 누구든 먼저 흙산을 차지하면 주도권을 잡을 수 있었다. 하늘이 도운 것일까? 안시성의 병사들이 먼저 산을 차지했다. 이렇게 고구려는 위기를 넘겼고, 당나라는 다시 한 번 좌절했다.

전쟁이 길어지고 어느새 겨울이 되었다. 날씨는 추워졌고 당나라는 더 이상 식량을 조달하기도 어려웠다. 당나라 태종은 자존심을 구긴 채 철군을 명령할 수밖에 없었다.

전쟁이 남긴 것

중국 통일 제국의 침략에 맞서 치열하게 싸워 값진 승리를 얻어 낸 고구려는 중국으로부터 한반도 전체를 지켜 내는 방패막이가 되었다. 고구려는 그 과정에서 많은 피를 흘렸다. 당나라 태종의 공격으로 국경을 지키는 중요한 성 10곳이 함락되었고, 30만 명이 넘는 사람이 중국으로 잡혀 갔으며, 20만여 명의 병사를 잃었다.

그 뒤에도 당나라는 적은 규모의 침입을 계속했고, 고구려 사람들은

안시성 항쟁
당나라 태종은 안시성을 점령하기 위해 흙산을 쌓으면서까지 공격했으나, 고구려 군사와 백성들이 이를 막아 내어 철수할 수밖에 없었다. 이 전쟁의 장면을 담은 기록화이다.

조금씩 지쳐 갔다. 고구려는 한반도를 통일하려는 삼국 사이의 치열한 전쟁에 깊은 상처를 입은 채 임해야 했다.

　한편 당나라는 고구려를 무너뜨리기가 생각처럼 쉽지 않다는 사실을 절실히 깨달았다. 국경 지역 고구려 성들의 방어는 깨뜨리기 어려웠고, 식량이 부족해져서 번번이 돌아와야만 했다. 당나라가 고구려 공격에 성공하려면, 고구려의 후방을 공격하고 식량을 조달해 줄 누군가가 필요했다. 이것이 뒷날 당나라가 신라와 손을 잡은 이유였다.

외교, 또 하나의 전쟁

백제 의자왕, 신라를 공격하다

미륵사는 어마어마하게 큰 절이었다. 넓은 절터에는 부처님을 모시는 금당도 3개나 있었다. 가운데에는 높이가 60미터에 이르는 커다란 목탑이 서 있었고, 그 양쪽에 석탑 2개가 세워졌다. 백제 장인들은 석탑을 처음 만들었지만 그들의 솜씨는 매우 뛰어났다.

미륵사를 지은 사람은 백제 무왕이었다. 600년에 왕위에 오른 무왕은 왕권을 강화하고 백제의 옛 영토를 되찾고자 했다. 무왕은 백제의 강력한 힘을 백성에게 보여 주고 싶었다. 그래서 수도 사비성에서 남쪽으로 30킬로미터 정도 떨어진 익산에 미륵사를 지었던 것이다. 무왕은 이곳에서 미륵 부처를 만났다고 했다. 미륵 부처는 언젠가 이 세상을 구하러 온다는 부처님이다.

"나는 미륵 부처를 만난 왕이다. 미륵 부처가 오셨으니 세상이 더욱 좋아질 것이다. 내가 그런 나라를 만들겠다."

무왕은 신라를 매섭게 공격했다. 빼앗긴 한강 유역을 되찾고 성왕의 복수를 하기 위해서였다. 한편으로 수나라와 당나라에 사신을 보내어 고구려를 경계했다.

무왕의 뒤를 이어 의자왕이 즉위했다. 의자왕은 무왕의 맏아들로 어려서부터 효성이 지극하고 용감하다는 칭찬을 들어 왔다. 의자왕은 죄수들을 풀어 주고 백성들을 위로하는 한편, 40여 명의 귀족을 쫓아내고 왕권을 강화했다.

642년, 의자왕은 직접 군대를 이끌고 신라를 공격해 40여 개의 성을 빼앗았다. 다음 목표는 대야성이었다. 의자왕은 윤충 장군에게 군사 1만 명을 주고 대야성을 공격하라고 명했다.

"대야성이 함락되었습니다."

숨이 턱에 닿도록 달려온 신라 병사가 대야성 함락 소식을 김춘추에게 전했다. 김춘추는 자기도 모르게 자리에서 벌떡 일어났다.

"뭐? 대야성이? 성주는 어떻게 되었느냐?"

"대양성의 성주인 품석 장군은 부인과 함께

미륵사지 석탑
백제 최대 절이었던 미륵사 터에 있는 탑으로 반쯤 무너져 내린 모습으로 남아 있다. 우리나라 탑 가운데 가장 오래되었으며 전라북도 익산에 있다.

백제군에게 항복했는데 백제 장군 윤충이 그분들의 머리를 베어 백제로 보냈다고 합니다."

김춘추는 기둥에 기대어 서서 하루 종일 꼼짝도 하지 않았다. 마치 넋이 나간 사람 같았다. 대야성의 성주 품석이 김춘추의 사위였던 것이다. 사랑하는 딸과 사위를 모두 잃은 김춘추의 마음은 무거웠다. 게다가 신라의 앞날은 한 치 앞도 내다볼 수가 없었다. 대야성을 잃었으니 백제군이 신라의 수도까지 쳐들어오는 것은 시간문제였기 때문이다. 신라는 바람 앞의 등불 같은 신세가 되었다.

이때 신라는 선덕 여왕이 다스리고 있었다. 혈통을 중시하는 신라에서는 성골만이 왕이 될 수 있었는데, 진평왕에게는 아들이 없었다. 그래서 진평왕의 맏딸 덕만이 우리나라 최초의 여왕이 되었다.

선덕 여왕은 안으로는 여왕의 통치에 반대하는 진골 귀족의 도전을 뿌리쳐야 했고, 밖으로는 백제와 고구려의 거센 공격을 막아 내야만 했다. 이러한 어려움 속에서 젊은 진골 귀족 김춘추와 화랑을 이끌던 김유신은 선덕 여왕의 든든한 후원자가 되어 주었다.

김춘추는 쫓겨난 진지왕의 손자였다. 그는 잘생긴 데다 말솜씨가 뛰어났지만 진지왕을 쫓아냈던 귀족들의 틈바구니에서 힘을 키우기 어려웠다. 김유신은 금관가야 왕족의 후예로 신라의 귀족이 되었지만, 엄격한 골품 제도 속에서 여전히 차별 대우를 받았다. 정치인 김춘추와 군인 김유신, 그들은 능력을 펼칠 기회를 찾고 있었고 선덕 여왕은 두 사람을 신임했다.

위기에 빠진 신라는 돌파구가 필요했다. 왕의 믿음에 답하기라도 하듯 김유신은 국경 지역에서 백제의 공격을 어렵사리 막아 내고 있었다. 한편 김춘추는 위기에서 벗어날 외교적 방법을 찾기 시작했다.

고구려 연개소문, 신라의 제안을 거절하다

신라가 백제의 공격에 시달리던 642년, 고구려에서 연개소문이 정변을 일으켰다는 소식이 들려왔다. 김춘추는 고구려로 눈을 돌렸다.

'연개소문이 왕을 죽이고 권력을 차지했다고? 그렇다면 아직 반대 세력이 많겠군. 연개소문은 정권을 안정시키기 위해 신라와 동맹을 맺으려고 할 거야. 아니면 연개소문의 반대파와 손을 잡는 것도 괜찮겠지.'

모험을 하기로 결심한 김춘추는 국경을 넘어 고구려 보장왕을 만났다. 왕의 옆에는 대막리지 연개소문이 있었다. 김춘추는 한눈에 연개소문을 알아보았다. 연개소문 역시 스스로 적지에 뛰어든 김춘추의 대담함에 감탄했다. 둘 사이에는 팽팽한 긴장감이 흘렀다.

"과거에 고구려와 신라는 친밀한 관계였소. 지금 오랫동안 전쟁을 하고 있는데, 서로 공격을 멈추고 동맹을 맺는 것이 어떻겠소?"

김춘추의 말에 연개소문은 대답했다.

"신라는 믿을 수 없는 나라요. 고구려는 강한 나라인데, 굳이 동맹을 맺을 이유가 무엇이오?"

김춘추도 지지 않았다.

"고구려는 지금 당나라의 압력을 받고 있지 않소? 만약 신라가 당나라를 돕기라도 한다면 어쩔 셈이오? 신라와 손을 잡고 백제를 공격합시다.

나중에 당나라가 고구려를 공격해 온다면 신라가 고구려를 돕겠소."

이쯤 되면 한번쯤 생각해 볼 듯도 한데, 연개소문에게서 돌아온 대답이 걸작이었다.

"죽령 이북은 우리 고구려 땅인데 신라가 차지하고 있소. 그 땅을 돌려준다면 생각해 보리다."

죽령 이북 땅을 요구하는 것은 한강 하류 지역은 물론 남한강 유역까지 내놓으라는 것이었다. 제아무리 김춘추라도 신라 영토의 반을 달라는 요구를 받아들일 수는 없었다. 협상은 깨졌다. 연개소문은 김춘추가 돌아가지 못하도록 잡아 두었다.

연개소문은 왜 신라와의 동맹을 거절했을까? 고구려의 입장에서 신라를 도와주어야만 하는 이유는 없었다. 궁지에 몰린 쪽은 신라였으니 좀 더 유리한 입장에 서기 위해 무리한 요구를 해 본 것일까?

하지만 연개소문도 김춘추를 계속 붙잡아 둘 수는 없었다. 김춘추는 신라의 진골 귀족이며 한 나라를 대표해서 온 사신이었다. 그를 돌려보내지 않는다면 신라와의 전면전도 각오해야 했기 때문이다. 벌써 김유신은 군대를 이끌고 국경 지역에 와서 공격할 채비를 갖추고 있었다.

"신라에 돌아가면 우리 왕에게 청해 죽령 이북의 땅을 돌려주도록 하겠소."

김춘추가 말하자 연개소문은 그를 돌려보냈다.

김춘추는 아무런 소득 없이 신라로 돌아왔다. 일본에도 지원을 요청해 보았다. 그러나 백제와 친밀한 관계를 맺고 있던 일본이 신라의 편을 들어줄 리 없었다. 게다가 백제와 고구려는 힘을 합쳐 한강 하류 지역을 공격해 신라가 당나라로 가는 길을 막았다.

김춘추는 신라가 위기에서 벗어나 한반도에서 주도권을 차지하려면 당나라의 힘을 끌어들이는 수밖에 없다고 판단했다. 김춘추는 다시 한 번 목숨을 걸고 바다를 건너 당나라로 향했다.

신라, 당나라와 손을 잡다

"백제가 계속해서 우리 신라를 공격하고 있습니다. 우리 사신이 당나라로 가는 길을 막고 위협하고 있으니, 대국의 힘을 보여 주십시오."

648년, 당나라로 간 김춘추는 태종을 만났다. 그러나 태종의 대답은 싸늘했다.

"신라를 공격하지 말라는 칙서를 백제에 보내겠소."

이 정도의 대답을 듣기 위해 먼 길을 온 것이 아니었다. 김춘추는 승부수를 던졌다.

"폐하께서는 고구려를 계속 두고 보시겠습니까? 고구려는 강한 나라입니다. 고구려가 흉노나 돌궐과 손을 잡고 당나라를 치지 않는다고 어떻게 장담하시겠습니까?"

넌지시 던지는 김춘추의 말에 태종의 눈초리가 올라갔다. 김춘추는 재빨리 말을 이었다.

"폐하께서 마음만 먹는다면 어찌 감히 고구려가 당나라를 대적할 수 있겠습니까? 그러나 폐하께서도 아시다시피 문제는 보급입니다. 수나라와 당나라의 강한 군대가 말머리를 돌려야만 했던 것도 바로 식량 보급이 어려웠기 때문이었습니다. 우리 신라가 당나라 군사에게 식량을 댄다면 폐하께 큰 힘이 될 것입니다."

태종은 3년 전 안시성에서의 뼈아픈 패배가 떠올랐다. 김춘추의 제의에 태종은 귀가 솔깃했다.

"신라가 고구려를 공격하려고 해도 현재로서는 백제 때문에 할 수가 없습니다. 먼저 백제를 무너뜨린 뒤 함께 고구려를 공격하면 제아무리 지키기를 잘하는 고구려라 해도 버틸 수 없을 것입니다."

태종의 마음이 움직이자 김춘추는 쐐기를 박았다.

"대동강 이북에 있는 고구려의 땅은 마땅히 당나라의 영토가 되어야 옳을 것입니다!"

원래 중국과 더 친밀한 관계를 맺어 온 나라는 백제였다. 백제는 중국이 남북조로 나뉘어 있을 때에도 남조와 북조 모두에 사신을 보내어 친분을 쌓아 왔다. 또 당나라 태종이 고구려를 공격해 왔을 때 갑옷을 만들어서 보내기도 했다. 그러나 이 순간 당나라는 적극적으로 손을 내민 신라를 선택했다.

당나라의 첫 번째 목표는 고구려를 멸망시키는 것이었으니, 당나라 입장에서 신라나 백제는 별 차이가 없었다. 또 백제보다 상대적으로 약한 신라와 동맹을 맺는 것이 뒷날을 위해 더 안전하다고 생각했다.

위기에서 벗어나려던 신라와 고구려를 정복하려는 당나라의 동맹은 이뤄졌고 힘의 균형은 깨졌다. 삼국 통일을 향한 고구려·백제·신라의 힘겨루기는 새로운 상황을 맞이하게 되었다.

운명을 건 마지막 전투

나·당 연합군, 공격 개시

신라에서는 여왕의 통치에 불만을 품은 귀족 세력의 반란이 일어나 선덕 여왕이 죽었다. 김유신과 그를 따르는 화랑의 활약으로 반란은 진압되었고 동생인 진덕 여왕이 뒤를 이었다. 그 뒤 김유신과 김춘추의 영향력은 더욱 커졌다.

신라의 마지막 성골 임금인 진덕 여왕이 죽자 진골 귀족들 가운데에서 다음 왕을 뽑아야 했다. 가장 유력한 후보자는 옛 귀족 세력의 대표였던 상대등 알천이었다. 그러나 김춘추는 김유신의 군사력을 배경으로 알천을 누르고 왕위에 올랐다. 그가 바로 태종 무열왕이다.

신라의 처지는 조금도 나아질 기미가 보이지 않았다. 백제와 고구려의 공격은 날이 갈수록 거세졌지만, 동맹을 약속했던 당나라는 신라를 도와 주지 않았다. 신라는 아주 조급해졌다.

당나라는 655년, 656년에 고구려를 공격했다가 또다시 실패한 뒤에야 신라와 손을 잡기로 결정했다. 신라와 함께 백제를 먼저 멸망시킨 뒤 고구려를 공격할 셈이었다. 660년, 소정방의 지휘 아래 13만 대군을 실은 배가 백제를 향해 출발했다. 신라는 5만의 군사를 보냈다.

한편 백제는 흔들리고 있었다. 의자왕은 왕위에 오르자 결단력 있게 나라를 통치했다. 특히 적대국이었던 고구려와 힘을 합쳐 신라를 공격해 큰 효과를 거두기도 했다. 하지만 시간이 흐르면서 초기의 결단력 있는 모습은 찾아보기 힘들어졌다.

의자왕은 왕권 강화를 위해 옛 귀족 세력을 제거하고 자신의 아들 41명에게 좌평이라는 높은 관직을 주었다. 또 신라를 공격하는 데 집중하느라 전쟁에 지친 백성들의 신음 소리를 듣지 못했고, 당나라의 움직임도 눈치채지 못했다.

나·당 연합군이 사비성을 향해 쳐들어오고 있다는 소식을 들은 의자왕은 귀양살이를 하고 있는 흥수에게 의견을 물었다.

"당나라 군대가 백강에 들어오지 못하도록 막고, 신라군이 탄현을 넘지 못하게 하십시오. 적들의 식량이 떨어질 때까지 기다린 뒤에 공격한다면 이길 수 있을 것입니다."

흥수의 말에 대신들은 반대하고 나섰다.

"흥수는 오랫동안 감옥에 있었습니다. 임금님을 원망하고 있을 텐데 그 자의 말을 어떻게 믿겠습니까?"

백제의 지도부가 결정을 내리지 못하고 주저하는 사이에 신라군은 탄현을 넘었다. 의자왕은 동원할 군사도, 시간도 부족했다. 의자왕은 일본에 원군을 요청하고 계백에게 신라군을 막으라고 명령했다.

계백은 이 전투에 나라의 운명이 달려 있다는 것을 직감적으로 알았다.

"아, 일생일대의 위기로구나. 귀족들은 분열되었고 시간은 없으니, 과연 내가 살아서 돌아올 수 있을까? 나라를 지켜 낼 수 있을까?"

계백은 출발하기 전에 제 손으로 가족을 모두 죽이고 자신도 죽기를 각오했다. 그리고 나서 5000명의 정예 부대를 이끌고 나아가 황산벌에 진을 쳤다. 5000명으로 5만의 군사를 막아야 했다.

'최대한 시간을 벌어야 해. 신라군과 당나라군이 만나는 것을 막고 지방의 군사들과 일본의 지원군이 도착할 때까지 버틸 수만 있다면 우리에게도 희망은 있다.'

계백의 저항에 부딪힌 신라는 마음이 급했다. 당나라군과 만나기로 한 날짜를 하루 남겨 두고 있었다.

만약 당나라 군대가 단독으로 사비성을 공격해서 백제를 멸망시킨다면 당나라는 분명 백제 땅 전부를 차지하려고 들 것이었다. 신라군은 맹렬하게 공격했지만 백제군의 진영을 뚫을 수 없었다. 신라군의 사기는 땅에 떨어졌다.

김유신은 조카인 화랑 반굴을 불렀다.

"큰일을 해내기 위해서는 지금 누군가의 희생이 필요하다. 싸움에서는 물러서지 말라고 했다. 자, 지금이 바로 네가 필요한 때다."

자신의 임무를 알아차린 반굴은 백제군의 진영에 홀로 뛰어들어 싸우다 죽었다. 이번에는 화랑 관창이 나섰다.

관창은 용감하게 나아갔으나 금방 사로잡히고 말았다. 계백은 잡혀 온 관창의 얼굴이 너무 어려 보여 놀라서 물었다.

"네 나이가 몇이냐?"

"열여섯이오. 그렇지만 나라를 위해 싸우는 데 나이가 무슨 상관이오?"

관창은 당당한 목소리로 대답했다. 계백은 그런 관창이 대견하기도 하고 기막히기도 했다.

"너희 신라에서는 너같이 핏기가 채 가시지도 않은 어린아이를 전쟁터에 내보낸단 말이냐? 내 너의 용기가 기특해 살려 줄 테니 돌아가거라."

계백은 관창을 말에 묶어 신라군의 진영으로 돌려보냈다. 하지만 관창은 말을 돌려 백제군에게 달려들었고 다시 사로잡혔다.

"차라리 날 죽여라. 명예롭게 죽기를 원한다."

"너를 죽여서 신라군의 사기를 높여 주라는 말이냐? 절대 그럴 수는 없다. 돌아가거라."

계백은 다시 관창을 풀어 주었다. 그러기를 네 번, 계백은 결국 관창의 목을 베어 말에 매달아 신라군에게 보냈다.

"화랑 관창이 죽었다. 열여섯 어린 소년도 기꺼이 목숨을 바쳐 싸우는데, 남아 있는 우리는 무엇을 하고 있는가? 자, 싸우자! 관창의 원수를 갚기 위해, 나라를 구하기 위해, 백제를 멸망시키기 위해! 관창의 죽음을 헛되이 하지 말자!"

신라군이 물밀 듯이 몰려왔다. 전세는 단번에 역전되었다. 백제군은 사력을 다해 싸웠으나 소용이 없었다. 계백은 항복하지 않고 끝까지 싸우다 죽었고, 신라군은 사비성을 향해 거침없이 내달렸다.

백제의 최후

한편 13만 대군을 태운 당나라의 배가 백강 하구에 도착했다. 수가 적었던 백제군은 당나라군을 좁은 강으로 유인해 강가의 양쪽에서 공격하려고 했다. 그러나 당나라군은 백강에 들어오자마자 군대의 일부를 상륙시켜 육지와 강 양쪽에서 백제군을 공격했다. 백제군은 도망갈 곳이 없었다.

7월 12일, 나·당 연합군이 사비성을 공격하자 사비성은 힘없이 무너졌다. 도망쳤던 의자왕은 웅진성에서 항복했다. 소정방은 의자왕과 백제인 1만 2000명을 데리고 당나라로 돌아갔다. 백제 땅에는 도독부를 설치해 사비와 웅진에 각각 1만 명의 군사를 남겨 두었다. 당나라의 지배를 받는 땅이라고 선언한 것이다.

그러나 백제는 사라지지 않았다. 백제 각지에서 군사들이 일어나 백제를 다시 일으키려고 했다.

정림사지 5층 석탑
충청남도 부여 정림사 터에 있는 석탑으로 백제 문화의 우아한 아름다움을 잘 보여 준다. 당나라 장수 소정방이 '백제를 정벌한 기념탑'이라는 글귀를 새겨 놓았다.

왕족 복신과 승려 도침이 주류성에서, 장군 흑치상지 등이 임존성에서 부흥군을 이끌었다. 때마침 고구려는 신라를 공격했다. 신라는 백제 부흥군과 싸우랴, 고구려군을 막으랴 정신이 없었다.
　일본에 가 있던 백제 왕자 부여풍도 원군과 함께 돌아왔다. 백제 부흥군은 3만 명이 넘었고, 일본에서 도착한 병력은 2만 7000명에 이르렀다. 부흥군은 부여풍을 왕으로 세웠다.
　백제는 다시 살아나는 듯이 보였다. 그러나 이것도 잠시, 부흥군 지도부에서 내분이 일어나고 말았다. 도침을 살해한 복신이 부여풍마저 제거하려다가 발각된 것이다. 복신은 처형되었지만 부흥군의 전력에 커다란 금이 가고 있었다.

백제와 운명 공동체라고 생각했던 일본은 백제를 돕는 데 아주 적극적이었다. 663년, 일본은 또다시 1만 명이 넘는 지원군을 보냈다. 백제 부흥군은 일본군과 만나기 위해 백강 하구로 내려왔다. 나·당 연합군 역시 이 기회에 부흥군을 전멸시키고자 백강 하구에 진을 치고 기다렸다.
　8월 28일, 백강에서 신라와 당, 백제와 일본의 군대가 한꺼번에 충돌했다. 군사는 일본군이 훨씬 많았지만 날씨 탓인지, 바람 탓인지, 밀물과 썰물의 시간을 제대로 계산하지 못한 탓인지, 일본군은 나·당 연합군에게 전멸되고 말았다. 400척의 배가 불탔고 부서진 배의 조각들은 불이 붙은 채 강물에 밀려 이리저리 떠다녔다. 저물어 가는 태양이 백강을 더욱 붉게 물들였다. 찬란했던 백제의 역사도 그렇게 저물었다.

고구려의 멸망

백제를 멸망시킨 당나라는 고구려로 화살을 돌렸다. 소정방이 이끄는 당나라의 병사들은 661년에 고구려를 공격해 평양성을 포위했다. 그러나 연개소문과의 싸움에서 크게 패했고, 소정방은 간신히 살아서 당나라로 돌아갔다. 연개소문은 25년 동안 고구려의 최고 권력자로 군림하면서 여러 차례 고구려를 멸망의 위기에서 지켜 냈다. 연개소문이 있는 한, 고구려를 멸망시키는 것은 불가능한 것처럼 보였다.

그러나 제아무리 연개소문이라도 죽음을 피해 갈 수는 없었다. 연개소문은 죽기 직전에 세 아들을 불렀다.

"당나라가 신라와 함께 호시탐탐 우리나라를 노리고 있는데, 나에게는 시간이 없구나. 너희는 서로 싸우지 말아라. 우리 연씨 집안이 고구려를 지켜야 한다. 부디 서로 손을 잡고 힘을 합쳐 고구려를 지키거라."

연개소문이 죽자 연개소문의 큰아들 연남생이 아버지의 자리를 이어받았다. 하지만 연남생이 고구려의 국경 지역을 돌아보기 위해 수도를 비운 사이, 두 동생이 연남생을 쫓아내고 권력을 차지했다. 국내성으로 피한 연남생은 당나라에 도움을 요청했고, 연개소문의 동생은 신라에 투항했다. 형제들의 다툼은 고구려의 멸망을 더욱 재촉했다.

당나라는 기회를 놓치지 않고 고구려를 공격했다. 당나라 군대를 이끌고 온 사람은 다름 아닌 연남생이었다. 순식간에 고구려의 국경이 무너졌다. 당나라군은 거침없이 평양성을 향해 진격했고, 남쪽에서는 신라군이 평양성을 향해 올라오고 있었다. 고구려를 공격할 때마다 번번이 식량

보급 때문에 실패했던 당나라 군대는 이제 두려울 것이 없었다. 신라군이 군량미를 대 주었고, 앞장서서 평양성을 공격하고 있었다.

나·당 연합군에게 포위된 평양성은 한 달을 버텼으나, 668년 9월에 마침내 항복하고 말았다. 당나라 군대는 고구려의 마지막 임금 보장왕을 당나라 수도 장안으로 끌고 갔다. 그리고 고구려 땅에 안동 도호부를 세우고 당나라는 고구려를 직접 다스리려고 했다.

그러나 만주를 호령하며 중국과 대등하게 맞섰던 고구려의 힘은 아직 사라지지 않았다. 평양성이 무너지고 왕과 귀족들은 항복했지만, 고구려 영토 곳곳에서 당나라에 대한 저항이 계속되었다. 압록강 북쪽을 지키는 고구려의 성 가운데 몇몇은 굳건하게 당나라에 맞서 싸우고 있었다.

검모잠은 고구려의 왕족 안승을 왕으로 세우고 사람들을 모아 한성 일대에서 당나라에 저항했다. 다음 해 안시성에서도 고구려를 지키려는 사람들과 당나라 군대 사이에 격렬한 전투가 있었다. 고구려 사람들은 마지막까지 나라를 지켜 고구려의 주인으로 남고 싶었던 것이다.

연개소문
연개소문은 중국인들에게 당 태종을 멸망시킨 장군으로 기억되면서 희곡, 경극 등에 등장하는 인물이 되었다.

신라, 당군을 몰아내다

백제와 고구려는 무너졌지만, 신라는 아직 승리하지 못했다. 백제가 멸망한 뒤 신라의 무열왕이 죽고 문무왕이 즉위했다. 당나라는 신라를 계림 도독부로 하고, 문무왕을 계림 도독으로 임명했다. 도독은 당나라 황제를 대신해 그곳을 다스리는 사람으로, 신라가 당나라의 영토임을 뜻하는 치욕적인 것이었다. 또 고구려 땅에 안동 도호부를 설치하고 신라를 공격하면서, 한반도 전체를 차지하려고 했다.

그러나 신라는 결코 호락호락하지 않았다. 신라는 고구려와 백제 땅의 백성들을 약탈하지 못하게 하고, 항복하는 군사들을 풀어 주면서 민심을 얻기 위해 노력했다. 또 여러 곳에서 일어난 고구려의 부흥 운동을 도와주기도 했다.

고구려인 고연무가 압록강 건너에서 당나라 군대와 싸울 때, 신라도 고구려 편에서 함께 싸웠다. 고구려 부흥 운동을 이끌던 안승이 검모잠을 죽이고 신라로 망명하자, 안승을 받아들여 고구려 왕이라 부르며 잘 대해 주기도 했다. 고구려 유민들의 마음을 사로잡기 위한 것이었다.

이제 한반도 곳곳에서 당나라 군사를 몰아내기 위한 전투가 격렬하게 펼쳐졌다. 675년, 20만 명의 당나라 군사가 매소성에 진을 치고 있었다. 김유신의 아들 원술이 3만 명의 신라군을 이끌고 먼저 당나라 군대의 보급로를 끊었다. 그리고 활과 긴 창을 이용해 당나라의 기마 부대를 공격했다. 이 전투에서 승리한 신라는 3만 필의 말을 빼앗았고, 당나라군은 더 이상 육지를 통해 남쪽으로 내려오지 못하게 되었다.

다음 해에 설인귀가 당나라 해군을 이끌고 신라를 공격했다. 신라군은 백강 하구의 기벌포에서 벌어진 22차례의 전투를 모두 승리하면서 당나라 해군을 완전히 격퇴했다. 9년 동안이나 계속되던 당나라와의 싸움을 끝내는 순간이었다.

결국 당나라는 평양에 설치한 안동 도호부를 요동성으로 옮기고 한반도에서 군대를 철수했다. 이제 신라가 대동강에서 원산만에 이르는 한반도 남쪽 지역을 다스리게 되었다.

백제와 고구려는 멸망했고, 신라가 삼국을 통일했다. 과연 이것을 '삼국 통일'이라 할 수 있을까? 삼국은 서로 같은 민족이라는 의식은 없었지만 언어와 문화가 비슷했고 오랫동안 활발하게 교류해 왔다. 하지만 신라는 전쟁을 치르면서 당나라를 끌어들였고, 승리하는 과정에서 한반도 북부와 만주 벌판을 잃어버렸다.

게다가 고구려의 옛 땅에서는 부흥 운동이 계속되었고, 결국 발해가 건국되었다. 백제와 고구려가 멸망한 뒤 한반도의 남쪽에는 신라가, 북쪽에는 발해가 있었으므로 진정한 '삼국 통일'이라고 부르기 어려울지도 모른다.

그러나 이제 전쟁은 끝났다. 200년 가까이 삼국의 백성들을 괴롭히던 치열한 전쟁이 끝난 것이다. 지배자들이 더 넓은 땅을 차지하기 위해 전쟁을 계속하는 동안 삼국의 백성들은 전쟁터에 끌려가 싸우거나 성을 쌓거나 무거운 세금을 내야만 했다. 몇 년씩 가족과 헤어져 지내야 했고, 전쟁터에서 죽는 경우도 많았다.

이제 삼국 사이의 전쟁이 끝나면서 백성들은 고향으로 돌아가 농사를 지으며 평화롭게 살 수 있게 되었다. 또 당나라를 몰아내기 위해 전쟁을 함께 치르면서 삼국의 백성들 사이에 '우리는 하나'라는 마음이 생겨났다. 이것은 통일 국가를 지켜 나가는 소중한 힘이 되었다.

> 만약에

신라가 삼국을 통일하지 않았다면?

676년, 신라가 당나라를 완전히 몰아냈다. 신라는 대동강과 원산만 남쪽 지역을 지배하며 삼국을 통일했다는 자부심을 갖게 되었다. 그러나 통일 과정에서 당나라의 도움을 받았고, 고구려의 영토를 많이 잃어버렸다. 만일 신라가 삼국을 통일하지 않았다면 어떤 일이 벌어졌을까?

사회자 드디어 신라가 삼국을 통일했습니다. 그런데 곳곳에서 신라의 삼국 통일을 인정하지 않으려는 움직임이 보이는군요. 이 통일을 어떻게 생각하는지 각국의 지도자들을 만나 보겠습니다.

의자왕 나를 방탕한 왕이라고들 하는데, 내 평생 신라를 공격하며 많은 승리를 거두었거늘 멸망한 나라의 왕이라고 이렇게 왜곡해도 되는 겁니까? 신라가 당나라를 끌어들이지만 않았어도 백제가 멸망하지는 않았을 텐데…….

김춘추 아니, 일본을 끌어들인 게 누구였단 말입니까? 외교는 전쟁입니다. 국제 관계에서 영원한 친구도, 영원한 적도 없다는 것을 모르십니까? 그것을 적극적으로 이용한 것이 왜 잘못이란 말입니까?

계백 저런, 당나라와의 싸움에서 졌다면 어쩔 뻔했습니까? 호랑이를 제 굴에 불러들이는 어리석은 짓을 하다니…….

연개소문 통일이라니요? 우리 고구려 영토를 전부 당나라에 빼앗기고도 통일이라는 말이 나옵니까? 반쪽짜리 통일이 무슨 통일입니까? 영토의 크기로 보나 힘으로 보나 우리 고구려가 통일을 했어야지요. 김춘추가 고구려에 왔을 때, 돌려보내지 말았어야 했는데…….

김유신 당나라와 싸워 승리했다는 것은 신라에 그만한 힘이 있었다는 증거입니다. 우리 신라는 내분으로 망해 가던 백제나 고구려와는 달랐소. 자꾸 '만약, 만약' 하고 말씀하시는데, 만약 고구려가 통일했다면 당나라가 고구려를 그냥 두었을 것이라고 생각하시오? 아마 당나라의 공격으로 흔적도 없이 사라져 버렸을지도 모르오.

사회자 자, 싸우지들 말고 진정하십시오. 이번에는 해외로 연결해 당나라와 일본의 표정을 살펴보겠습니다.

당나라 매소성과 기벌포에서 신라에게 패배한 것은 예상하지 못한 결과입니다. 내부 사정이 복잡해 철수한 것이지, 결코 신라가 강해서는 아닙니다. 아무튼 우리는 고구려를 멸망시킨 것으로 만족합니다. 이제 동북아시아의 진정한 주인은 우리 당나라뿐이니까요.

일본 나·당 연합군이 기세를 몰아 일본까지 쳐들어올까 봐 조마조마했습니다. 이곳저곳에 성을 쌓고 나름대로 대비를 했죠. 다행히 당나라와 신라가 서로 싸우는 바람에 한시름 놓았습니다. 게다가 멸망한 백제 사람들이 일본으로 많이 이주해 와서 더 발전할 수 있는 기회를 얻었으니, 이제 우리는 한반도의 일에 간섭하지 않으렵니다.

문화재를 찾아서

죽은 자를 지키는 사신도

고구려 사람들은 돌로 무덤방을 만들고 그 벽에 여러 가지 벽화를 그렸다. 그들은 무덤의 주인이 죽은 뒤에도 살아 있을 때와 똑같이 생활한다고 생각했다. 그래서 처음에는 무덤 방의 벽에 무덤의 주인이 살아 있을 때 생활하던 모습을 그려 넣고, 천장에는 하늘의 별자리와 신령스러운 동물들을 그려 넣었다.

옛날 중국의 북부와 만주 지역에 살던 사람들은 네 마리의 신령스러운 동물이 동·서·남·북의 네 방위를 지키고 있다고 믿었다. 이 동물들을 '사신(四神)'이라고 부른다. 고구려 사람들은 사신을 무덤에 그려 넣어 죽은 자가 편안하게 잠들기를 기원했다. 처음에 연꽃, 신선, 상서로운 새와 짐승, 해, 달, 별자리 등과 함께 무덤의 천장에 그려졌던 사신도는 6세기 후반이 되면서 점차 무덤 방의 네 벽에 그려지게 되었다. 백제나 일본에도 사신도가 그려진 돌방 무덤이 있다.

남쪽을 지키는 신, 주작
붉은색, 뜨거운 여름을 상징한다. 불이 한번에 일어나듯 사방으로 뻗어 나간 고구려의 힘과 기운을 느낄 수 있다.

서쪽을 지키는 신, 백호
하얀색, 만물이 성숙하는 풍요로운 가을을 상징한다. 넉넉한 살림살이와 발전된 문화를 품고 포효하는 고구려의 모습이다.

북쪽을 지키는 신, 현무
검은색, 겨울을 상징한다. 차가운 얼음에 뒤덮여 죽은 듯 고요해 보이지만, 그 속에서 새 생명을 준비하고 있다. 영원히 살아 있는 고구려의 혼이다.

강서 큰 무덤의 내부
고구려 후기 벽화 무덤을 대표하는 유적이다.

동쪽을 지키는 신, 청룡
푸른색, 만물이 살아나는 봄을 상징한다. 청룡의 힘찬 몸짓에서 날아오르는 고구려인의 기상이 엿보인다.

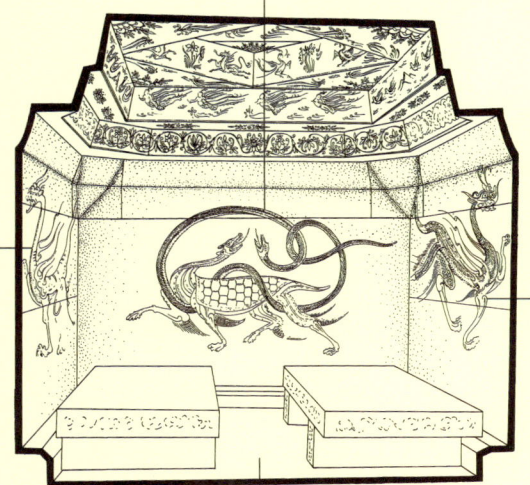

690년
687년 신라, 관료전 지급
689년 신라, 녹읍 폐지
698년 대조영, 발해 건국

720년
723년 혜초, 인도 순례 시작
727년 발해 무왕, 일본에 사신 보냄

2 남과 북의 두 나라

730년
- 732년 발해 무왕, 당의 덩저우 공격
- 733년 신라와 당, 발해 공격
- 737년 발해 문왕 즉위

750년
- 751년 신라, 불국사 건립 시작
- 755년 발해, 상경으로 수도 옮김
- 757년 신라, 녹읍 부활

남과 북의 두 나라, 신라와 발해

신문왕, 왕권을 강화하다

전쟁이 끝나고 평화가 찾아왔다. 문무왕은 백성들을 위해 빚을 없애 주고, 세금을 줄였다. 백성들이 빚을 갚지 못해 귀족의 노비가 되는 것을 막아서, 백성들에게서 국가의 세금을 걷고, 국가가 보호해 주도록 한 것이다. 문무왕은 이 같은 조치에 반대하는 귀족들을 물리치면서 왕권을 강화해 나갔다.

문무왕은 죽음을 앞두고 마지막 유언을 남겼다.

"내가 죽거든 화장을 해서 바다에 묻어 다오. 나는 동해의 용이 되어서

문무왕릉

우리나라에 쳐들어오는 왜구를 막을 것이다."

신문왕은 아버지의 뜻에 따라 화장을 한 뒤 유골을 감포 앞바다에 솟은 작은 바위 사이에 묻었다. 그리고 문무왕의 은혜에 감사하며 절을 짓고, 이름을 '감은사'라고 했다. 용이 된 문무왕이 드나들 수 있도록 절집 바닥에 구멍을 내었고 양 옆에 2개의 3층 석탑을 세웠다. 거친 듯하면서도 당당하게 서 있는 두 탑은 통일을 이룬 신라의 힘을 보여 주는 듯했다.

신문왕이 왕위에 오른 지 한 달 만에 귀족들의 반란이 일어났다. 왕권이 강해지자 위협을 느낀 진골 귀족들이 왕이 바뀌는 틈을 타 반란을 일으킨 것이다. 반란의 주모자는 김흠돌, 바로 신문왕의 장인이었다. 신문왕은 이 기회에 왕의 힘을 보여 주기로 마음먹고 김흠돌은 물론 조금이라도 그와 어울린 사람들을 모조리 쫓아냈다.

'진골 귀족들이 왕을 우습게 여기고 있음이 분명해. 왕이나 자신들이나 똑같은 진골이라고 생각하는 것이겠지. 게다가 나라의 중요한 일들을 화백 회의에서 귀족들이 결정하니, 실제로 자신들이 나라를 다스린다고 착각하고

감은사지 3층 석탑
문무왕을 기리기 위해 세운 감은사 터에 남아 있으며,
통일을 이룬 신라의 힘을 느낄 수 있다.

있어. 이래서는 나라를 제대로 다스릴 수 없지. 왕의 권위가 바로 서야 왕의 정책이 나라 곳곳에 미칠 수 있고, 그래야 귀족들의 약탈이 줄어들어 백성들의 살림살이도 편안해질 것이야.'

신문왕은 왕의 힘을 강화하기 위해 집사부의 권한을 늘렸다. 집사부에서 중요한 일을 처리하는 경우가 많아지고, 집사부의 우두머리인 시중이 왕의 명령을 집행하게 되었다. 자연히 귀족들의 힘이 약해지고, 화백 회의의 의장이자 귀족 세력의 대표인 상대등의 권한도 줄어들었다.

또 신문왕은 열심히 공부하는 유능한 관리를 얻고 싶었다. 그런데 신라 사회에서는 골품에 따라 올라갈 수 있는 관직이 정해져 있어서 진골 귀족들은 그다지 노력하지 않고도 높은 자리에 올라갈 수 있었다. 그것이 못마땅했던 신문왕은 국학을 세우고 인재를 키웠다. 국학에서는 유교 경전을 주로 가르쳤는데, 실력이 없는 사람은 중간에 그만두어야 했다.

제도를 새롭게 정비하다

'이제 신라는 전보다 훨씬 넓은 영토를 다스려야 한다. 우선 영토를 모두 다스리기 위해 새롭게 구역을 나눠야 할 테고, 또 망한 나라의 백성들도 끌어안아야 할 텐데……..'

통일을 이룬 신라는 비록 고구려의 옛 땅을 당나라에 내주었지만, 그 전에 비해 두 배나 넓어진 영토를 다스려야 했다. 늘어난 영토와 많아진 백성을 예전과 같은 방식으로 다스릴 수는 없었다.

신라는 먼저 전국을 9개로 나누었는데, 통일 전 신라와 가야 땅에 3개,

백제 땅에 3개, 고구려 땅에 3개의 주를 두었다. 또 군대를 새롭게 정비해 수도를 지키는 중앙군 9서당과 지방군 10정을 만들었다. 9서당에는 신라·백제·고구려 사람은 물론 말갈인까지 포함되었다. 10정은 9개의 주에 하나씩 배치되었는데, 적을 막기 위해 북쪽 국경에만 2개의 정을 두었다.

영토가 넓어졌으니 수도를 옮길 필요는 없었을까? 금성은 오랫동안 신라의 수도였지만, 통일된 영토를 다스리기에는 너무 동쪽에 치우쳐 있었다. 하지만 금성에 근거지를 두고 있는 귀족들의 반대가 거세어, 수도를 옮기는 대신 각 지역의 중심지에 5개의 작은 수도인 소경을 두었다. 왕의 명령을 효과적으로 전달하고, 지방 세력의 반란을 막기 위해서였다.

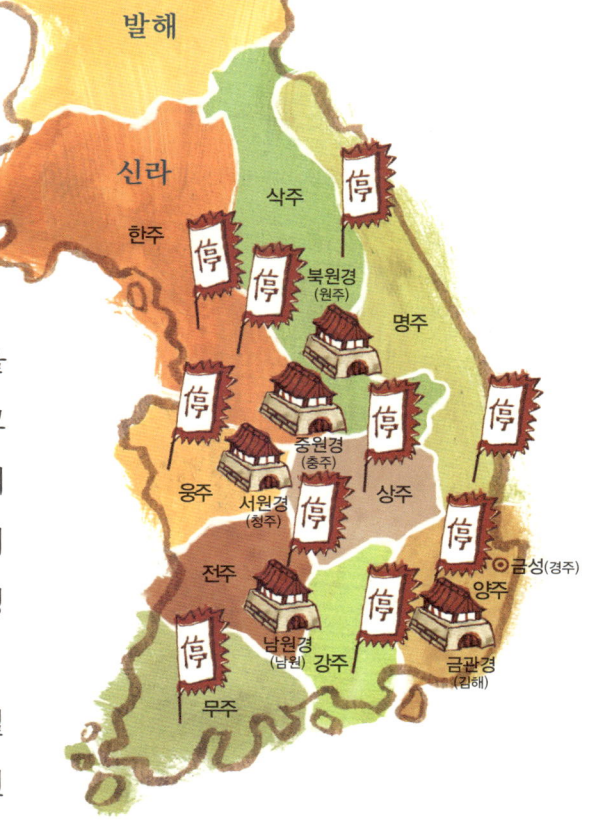

9주 5소경
신라는 전국을 9개의 주로 나누고 지방의 중심지에 5소경을 설치했다.

'귀족의 힘은 녹읍에서 나온다. 녹읍을 개선하지 않는다면 귀족들의 횡포를 막을 수가 없을 것이다!'

통일 전쟁 뒤 더 넓은 땅을 갖게 된 귀족들은 그 땅에서 나는 곡식들을 걷어 갔고, 그곳에 살고 있는 농민들을 제 일꾼처럼 부렸다. 때때로 농민들은 귀족의 싸움에 동원되는 병사가 되기도 했다.

신문왕은 관리들에게 관료전을 주었다. 관리의 등급에 따라 땅을 나눠 주고, 땅에서 나는 곡식의 일부를 걷어 가게 한 것이다. 그리고 2년 뒤에 녹읍을 없앴다. 백성을 자기 마음대로 부릴 수 없게 된 귀족들은 심하게 반발했으나 왕은 강력해진 힘으로 그들을 눌렀다.

왕과 귀족의 힘겨루기가 시작되었다. 조금이라도 왕권이 약해진다면 녹읍은 다시 부활할 것이었다.

신라, 정치가 안정되다

"전쟁이 끝나니까 참 좋군. 이제 태평성대가 오려나."

"우리네 삶이 별수 있겠나? 전염병이라도 돌면 또 살기 힘들어지겠지."

"아니, 자네는 만파식적도 모르나? 그 피리를 불면 파도가 잔잔해지고, 병이 완전히 낫고, 적병은 스스로 물러간다네."

"세상에, 그런 피리가 어디 있나?"

"자네, 김유신 장군님 알지? 그분과 지난번에 돌아가신 임금님께서 보내신 거라는군."

"에이, 다 지어낸 이야기겠지."

"지금은 예전보다 살기 좋아졌잖아. 그게 다 돌아가신 임금님이 용이 되어 나라를 지키고, 김유신 장군님께서 하늘의 신이 되어 나라를 보살피고, 온갖 근심과 걱정을 사라지게 하는 피리가 있기 때문이라니까."

만파식적에 대한 이야기가 백성들의 입에서 입으로 퍼져 나갔다. 백성들은 신라가 살기 좋은 나라이며, 신문왕은 훌륭한 왕이라는 생각을 갖게 되었다. 신문왕 이후 왕권은 안정되었고 신라는 전성기를 누렸다.

발해, 남북국 시대를 열다

신라가 대동강 남쪽을 차지하고 태평성대를 누릴 즈음에, 대동강 북쪽 고구려의 옛 땅에 살던 사람들은 어떻게 되었을까? 당나라는 고구려 땅을 직접 다스리려고 했으나 고구려인들의 거센 저항은 좀처럼 사그라지지 않았다. 당나라는 장안으로 끌고 갔던 고구려의 마지막 임금 보장왕을 데려와 요동을 다스리는 조선 왕으로 삼았다. 보장왕을 내세워 고구려 유민들의 저항을 잠재우려고 한 것이다. 하지만 보장왕은 당나라의 허수아비 역할을 하려고 하지 않았다. 보장왕은 오히려 말갈족을 끌어들여 고구려를 다시 세우려고 했다. 당나라는 보장왕을 불러들이고, 고구려의 백성들을 당나라 땅으로 강제 이주시켜 뿔뿔이 흩어지게 했다.

3만 8000호의 고구려 백성들이 랴오허 강을 건너 영주 지방으로 옮겨 갔다. 고향을 떠나 끌려가는 길, 그 가운데 고구려의 장수였던 걸걸중상과 그의 아들 조영도 있었다. 그들은 나라 잃은 서러움을 눈물로 삼키며, 언젠가 반드시 돌아올 것을 다짐했다.

696년, 영주 지역에서 거란족의 반란이 일어났다. 거란족, 말갈족, 고구려 유민 등 여러 민족이 섞여 살던 영주는 큰 혼란에 휩싸였다.

"지금이 당나라의 지배에서 벗어날 수 있는 때입니다."

"맞습니다. 우리 말갈인들도 함께하겠습니다."

고구려의 장수 걸걸중상과 말갈 장수 걸사비우는 두 손을 맞잡고 결의를 다졌다. 고구려 유민과 말갈인이 반란을 일으키자, 당나라는 걸걸중상과 걸사비우에게 관직을 주며 모든 것을 용서할 테니 항복하라고 했다.

그러나 이들은 단호히 거절했다. 이들을 달래는 데 실패한 당나라는 거란인 장수 이해고를 앞세워 공격을 시작했다. 당나라군의 공격을 받은 말갈족 부대는 처참히 패배했고, 이 전투에서 걸사비우가 죽었다.

걸걸중상은 무리를 이끌고 랴오허 강을 건너 동쪽으로 향했다. 빠르게 추격해 오는 당나라의 기마 부대를 피하기 위해 밤낮으로 쉬지 않고 걸었다. 이 대탈출의 길에서 걸걸중상은 병을 얻어 죽고 말았다. 그의 아들 조영은 고구려의 유민들과 말갈족 모두를 이끌고, 당나라군의 손이 미치지 않는 곳을 향해 계속 이동했다.

조영을 따르는 무리의 행렬이 길게 이어졌다. 살림살이를 등에 지고 무거운 발걸음을 옮기는 사내들, 지팡이를 짚고 힘겹게 걷는 노인들, 보따리를 머리에 인 채 아이를 등에 업은 아낙네들, 엄마의 손을 잡고 종종걸음 치며 걷는 아이들. 이들은 군인이 아니었다. 단지 나라를 잃은 백성일 뿐이었다. 이들을 데리고 당나라의 기마 부대에 맞서 싸울 수는 없었.

계속 동쪽으로 도망가던 조영의 무리는 천문령 고개에 이르렀다. 나무는 빽빽하게 자랐고, 고개는 하늘처럼 높았다. 조영은 이곳의 지형을 잘 이용한다면 승산이 있다고 판단했다. 조영과 고구려 유민들은 숲 속에 숨어 당나라군이 고개를 넘기를 기다렸다가 온 힘을 다해 공격했다. 허를 찔린 당나라군은 정신을 추스를 틈조차 없었고, 추격을 포기했다.

　698년, 당나라군의 추격을 뿌리친 조영은 험한 산악 지대인 동모산 근처에 도읍을 정하고, 나라 이름을 '진(震)'이라 했다. 자신의 성도 크다는 뜻과 군장이라는 뜻을 담아 '대(大)'로 고쳤다. 고구려가 멸망한 지 꼭 30년이 되는 해였다.

　진은 당나라를 견제하기 위해 주변 여러 나라에 사신을 보냈다. 먼저 당나라와 진 사이에 있던 돌궐과 손을 잡았다. 남쪽의 신라에도 사신을 보냈다. 나·당 전쟁 이후 당나라와 관계가 좋지 않았던 신라는 대조영에게 관직을 내리고 진골 귀족으로 대우했다.

동모산
대조영이 진국을 세운 곳. 주변에 탁 트인 평야가 펼쳐져 있고, 산 정상에는 산성을 쌓아 적을 막았다.

   713년, 당나라는 대조영을 발해 군왕에 임명했다. 힘으로 무너뜨릴 수 없다면, 차라리 발해를 인정하고 당나라 중심의 세계 안에 끼워 넣는 편이 낫겠다고 판단한 것이다. 대조영은 나라 이름을 '발해'로 고쳤고, 신라는 발해를 '북국'이라고 불렀다. 이제 남쪽에는 신라, 북쪽에 발해가 있는 '남북국 시대'가 열렸다.
   삼국을 통일했다는 자부심을 가진 신라와 고구려의 뒤를 이었다고 내세우는 발해, 세계의 중심임을 자처하는 당나라. 동북아시아에 다시금 긴장이 감돌았다.

경쟁과 교류 속에서 성장한 발해

발해 무왕, 영토를 넓히다

'발해는 주변 여러 나라를 정복해 고구려 옛 땅을 수복하고 부여의 전통을 이어받았다.'

　대조영의 뒤를 이은 무왕은 일본에 사신을 보내면서, 발해가 고구려를 계승한 나라이며 이 땅의 주인이라는 것을 분명하게 밝혔다. 무왕이 빠른 속도로 영토를 넓혀 나가자, 주변의 여러 민족은 위협을 느꼈다. 신라는 동해안 국경 근처에 성을 쌓고 혹시 있을지도 모르는 발해의 공격에 대비했다. 발해의 북쪽에 살던 흑수말갈은 발해와의 친선 관계를 깨고, 당나라에 도움을 청했다.

　발해의 무왕은 흑수말갈을 공격할 것을 명했다.

　"흑수말갈이 당나라와 함께 우리를 공격한다면 매우 힘든 싸움이 될 것이오. 만약 남쪽의 신라까지 가세한다면 우리는 완전히 포위당하는 꼴이 될 테니, 이 기회에 우리의 힘을 보여 주도록 합시다."

"성급하게 판단해서는 안 됩니다."

무왕의 동생인 대문예가 반대하고 나섰다.

"지금 흑수말갈을 공격하는 것은 당나라와 싸우겠다는 선언이나 마찬가집니다. 그렇게 강했던 고구려도 당나라에 맞서 싸우다 하루아침에 망해 버렸는데, 이제 세워진 지 30년도 채 안 된 우리나라가 어찌 당나라에 대적할 수 있겠습니까?"

어릴 때 인질로 당나라에 가서 살았던 대문예는 당나라의 힘을 잘 알고 있었다.

"그렇지 않다. 흑수말갈을 그냥 둔다면 다른 말갈족들도 발해의 지배를 받지 않으려고 할 것이다. 당나라의 속셈을 모르느냐? 겉으로는 화친하는 척해도, 뒤로는 다른 민족을 이용해 우리를 분열시키려는 게 아니냐. 통치를 굳건하게 하기 위해서라도 반드시 흑수말갈을 정복해야만 한다."

발해의 영토 확장
발해는 흑수말갈을 정복한 뒤 덩저우를 공격해 산둥 반도를 점령하면서 강대국으로 성장해 나갔다.

무왕은 대문예를 사령관으로 임명했다. 대문예는 국경 근처에서 다시 한 번 상소를 올렸다. 크게 화가 난 무왕은 대문예를 사령관에서 해임하고 수도로 돌아오라고 명했다.

대문예는 돌아가 처벌받을 것을 두려워해 당나라로 망명해 버렸다. 발해는 대일하의 지휘 아래 흑수말갈을 정복했다.

무왕은 당나라에 사신을 보내 대문예를 발해로 돌려보내라고 요청했지만 당나라는 들어주지 않았다. 발해의 요구가 계속되자 당나라는 오히려 발해를 공격하겠다고 엄포를 놓았다.

발해와 당나라 사이에 긴장감이 높아지자 무왕은 정면으로 맞섰다.

732년, 발해는 과감하게 선제 공격을 했다. 장문휴가 이끄는 발해의 수군은 바다를 건너 덩저우를 습격해, 당나라의 지방 관리를 살해하고 산둥반도를 점령했다.

나라를 세운 지 30년밖에 안 되는 발해의 군사력이 당나라와 어깨를 나란히 하게 된 것이다.

뜻하지 않은 공격을 받아 패배한 당나라는 망명한 발해의 왕자 대문예를 시켜서 발해를 공격하게 했다. 또한 신라에게 발해의 남쪽 국경을 공격하라고 요청했다. 주변 나라 사이를 분열시켜 자기 나라의 이익을 얻으려 한 것이다.

신라는 발해를 향해 군사를 파견했지만 추운 날씨 때문에 힘 한번 쓰지 못한 채 돌아갔고, 대문예도 별 전과를 거두지 못했다. 당나라의 자존심이 몹시 구겨졌다.

발해 문왕, 다섯 갈래의 길을 만들다

발해와 당나라 사이에는 돌궐이 있었다. 그 덕분에 발해는 당나라의 압력에서 벗어나 독자적인 세력을 키울 수 있었다. 그런데 돌궐의 힘이 약해져 당나라와 직접 국경이 맞닿게 되자 발해는 더 이상 당나라를 적대시할 수 없었다. 또한 넓은 영토와 다양한 민족을 다스리기 위해서는 발달된 통치 체제가 필요했다. 게다가 겨울이 길고 날이 추워서 농사를 짓기 어려웠기 때문에 항상 식량이 부족했다. 발해의 영토는 넓어졌지만 아직 해결해야 할 문제가 많이 쌓여 있었다.

이때 즉위한 문왕은 당나라와 친선 관계를 맺어 갈등을 없애고, 발해 내부의 제도를 정비하는 데 힘썼다. 먼저 수도를 동모산에서 상경으로 옮겼다. 상경은 평야가 넓고 물이 많아 농사짓기에 좋았을 뿐만 아니라 교통도 편리해 넓은 영토를 다스리기에 적당했다.

문왕은 발달된 문화를 받아들이고 물자와 식량을 구하기 위해서 주변 나라들과 교류해야 한다고 판단했다. 그래서 이웃 나라로 통하는 다섯 갈래의 커다란 길을 만들었다. 당나라로 가는 땅 길과 바닷길, 거란으로 가는 길, 일본으로 가는 길, 신라로 가는 길이 그것이었다. 이 길들은 다른 나라와 교류하는 길이면서, 발해의 넓은 영토와 여러 민족을 하나로 연결하는 길이기도 했다.

발해는 한 해에 두 번 정도 당나라에 사신을 보냈다. 이들은 솔빈부에서 자란 말 30필과 호랑이, 표범, 물개 같은 동물의 가죽, 인삼 등을 들고 당나라로 갔다. 특히 솔빈부의 말은 당나라에서 인기가 좋았다.

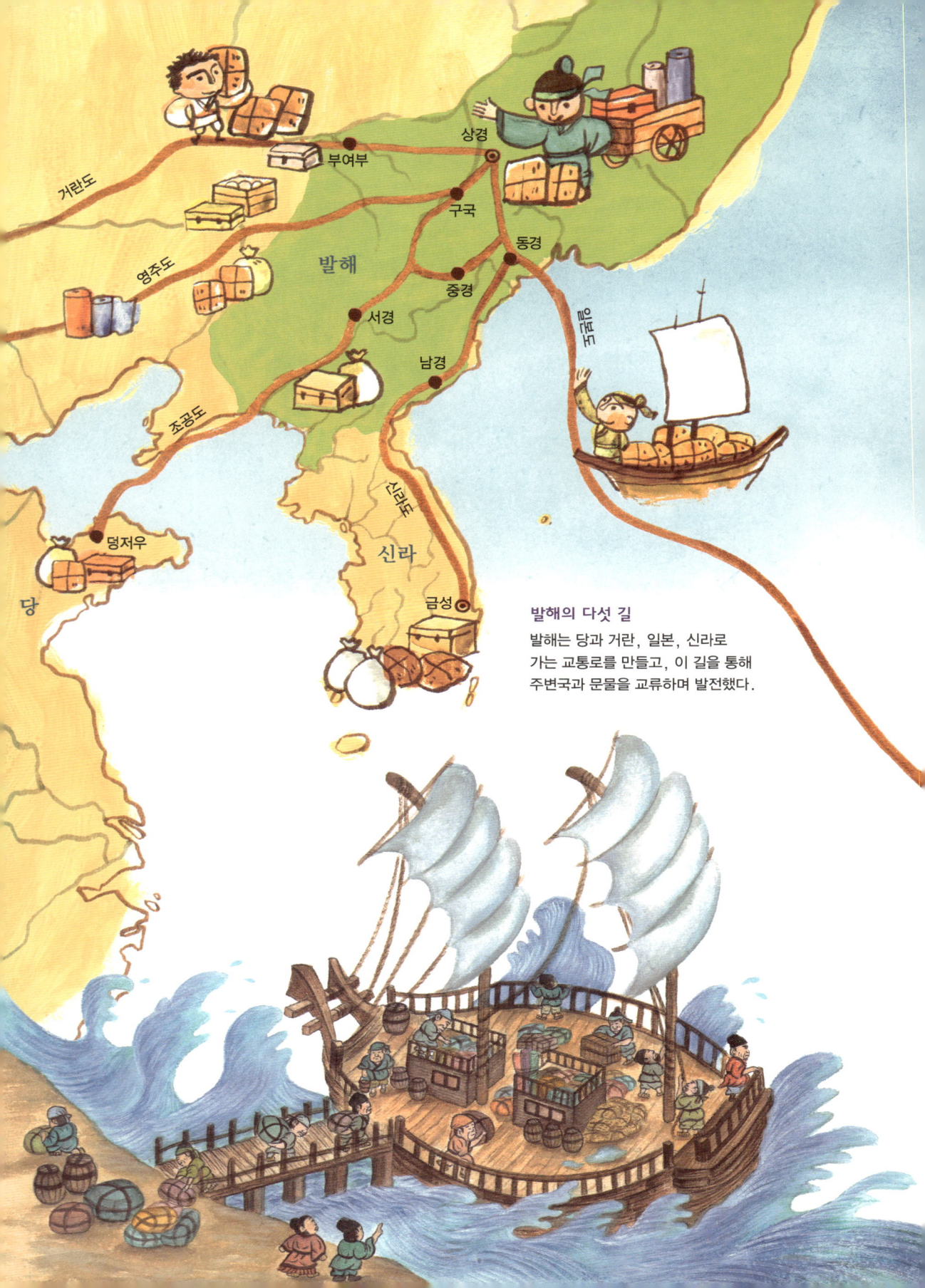

발해의 다섯 길
발해는 당과 거란, 일본, 신라로 가는 교통로를 만들고, 이 길을 통해 주변국과 문물을 교류하며 발전했다.

당나라에서 돌아오는 길에는 비단과 곡식 등을 가지고 왔다.

두 나라 사이에 사신이 오가면서 당나라의 발달된 제도와 문화도 전해졌다. 당나라는 나라의 정책을 의논하고 결정하는 3개의 관청을 두고, 나랏일을 맡아 처리하는 6개의 부서를 두었다. 발해는 이 제도를 받아들이되 발해의 실정에 맞게 바꿔 운영했다.

당나라의 여러 제도는 발해의 넓은 영토를 다스리는 데 도움이 되었다. 유학이 발해의 중요한 사상으로 자리 잡았고, 한문학도 발달했다. 문왕은 불교도 적극적으로 받아들여 수도 상경의 여기저기에 절을 많이 세웠다. 당나라와 교류하면서 발해의 문화는 더욱 풍성해졌다.

거친 바다를 건너 일본으로

양태사는 문왕의 명을 받아 일본으로 길을 떠났다. 살을 에는 듯한 차가운 겨울바람이 매섭게 불었다. 바닷가에 도착하니 집채만 한 파도가 치고 있었다.

"바람이 덜 부는 날에 떠나야 하지 않겠소?"

양태사가 뱃사람에게 물었다.

"이 정도면 괜찮습니다. 북서쪽에서 불어오는 바람을 타야 일본으로 갈 수 있거든요."

왜

목숨을 건 항해를 마다하지 않을 정도로 일본과의 교류는 무척 중요했다. 무왕 때에는 정치적인 이유에서 외교 관계를 맺었지만, 해가 갈수록 경제적인 목적이 더 중요해졌다.

양태사 일행은 일본에 도착한 뒤 일본 국왕을 만나 발해 문왕의 국서를 전달했다. 함께 따라온 상인들은 호랑이나 담비의 가죽, 꿀과 산삼, 비단과 그릇 등을 팔고 일본의 면, 황금, 수정 등을 샀다.

일본에 간 발해 사신은 보통 다섯 달 정도를 일본에서 머물렀다. 발해 사신과 일본 관리들은 서로 한시를 지어 교환하기도 하고, 학문과 사상에 대해 여러 가지 이야기를 나누기도 했다. 신라와 사이가 그다지 좋지 못했던 일본은 발해 사신들이 돌아가는 길에 따라나서 당나라로 가는 등 발해를 통해 발전된 문화를 접했다.

발해는 일본과의 교류를 중요하게 생각했지만, 그렇다고 일본의 요구에 입장을 굽히거나 이용당하지는 않았다. 한번은 일본이 신라를 공격할 계획을 세우고 발해에게 함께하자고 제안했다. 그러나 굳이 신라와 전쟁을 할 필요가 없었던 발해는 일본의 요구를 정중하게 거절했다.

소그드 은화와 일본 화폐
대외 교류가 활발했던 발해에서는 외국 화폐도 많이 발견되었다. 소그드 은화(왼쪽)는 소그드인이 사용하던 것인데 이들은 중앙아시아에 사는 이란계 민족으로 일찍부터 동서 교역에 종사했다. 화동개진(오른쪽)은 일본 나라 시대에 사용한 화폐이다.

당나라와의 관계도 마찬가지였다. 당나라는 안녹산이 반란을 일으키자 주변 나라에게 군사를 보내라고 요청했다. 그러나 그때에도 발해는 중립을 지켰다. 발해의 외교는 부드럽고도 당당했다.

발해와 신라의 관계는 그다지 좋지 못했다. 발해는 공공연하게 고구려를 이은 나라임을 내세웠고, 신라는 고구려를 멸망시키고 삼국을 통일한 나라였다. 게다가 당나라는 신라와 발해를 대립시켜 서로 견제하게 만들었다. 당나라의 요청에 따라 신라가 발해를 공격하기 위해 군대를 파견하기도 했으니, 발해로서는 신라와 사이좋게 지내기가 어려웠다.

그러나 신라와 발해가 항상 원수처럼 지냈던 것은 아니다. 신라는 북쪽으로 영토를 넓히려고 하지 않았고, 발해도 신라를 공격하지 않았다. 발해는 동경에서 남경을 거쳐 동해안을 따라 신라로 내려가는 길을 만들었고, 이 길을 따라 두 나라의 사신과 상인들이 오갔다. 때로는 당나라 사신이 발해를 거쳐 신라에 가기도 했다.

발해의 문화

문왕의 넷째 딸 정효 공주가 죽었다. 먼저 죽은 남편을 그리워하며 슬퍼하다가 서른여섯의 젊은 나이에 남편의 곁으로 떠나 버린 것이다. 문왕은 잠을 이룰 수가 없었다. 나랏일도 손에 잡히지 않았다.

"최고의 장인들을 불러 정효 공주의 무덤을 만들어라."

완성된 무덤은 아주 화려했다. 무덤길을 따라서 내려가니 돌로 만든 무덤방이 나왔다. 벽에는 몸종들과 악사들, 칼을 들고 집을 지키는 무사의 모습이 그려져 있었다. 당나라에서 배워 온 그림 솜씨가 엿보였다. 천장은 모서리를 줄여 나가는 고구려의 전통적인 방법을 따랐다.

무덤 앞에는 비석을 세워 문왕의 위대함과 공주의 고귀함을 칭송하는 글을 새겨 넣었다. 중국 사람들도 놀랄 만큼 세련된 글귀였다. 무덤 위에는 벽돌로 만든 커다란 탑을 세웠다. 벽돌로 탑을 만드는 것은 주로 중국 사람들이 사용하는 방법이었다. 그러나 무덤 위에 탑을 세우는 것은 다른 나라에서 볼 수 없는 발해 사람들의 독특한 방식이었다.

정효 공주의 무덤에는 고구려와 당나라의 문화가 만나 발해의 독특한 문화로 자리 잡아 가는 모습이 잘 드러난다. 초기의 무덤이 고구려의 무덤과 거의 비슷했던 것에 비해 당나라에서 유행하는 양식을 받아들이면서 독특한 형태를 만들어 갔던 것이다. 발해는 고구려의 뒤를 이었지만 고구려와 똑같은 나라는 아니었고, 당나라의 문화를 무조건 따라간 나라도 아니었다.

발해 사람들은 사방으로 열려 있는 길을 따라 당나라, 서쪽의 중앙아시아, 북쪽의 시베리아, 동쪽의 일본, 남쪽의 신라와 교류하며 자신들만의 문화를 만들어 나갔다.

발해 영광탑
벽돌로 만든 아름다운 탑으로 높이가 13미터나 된다. 발해 사람들은 무덤 위에 탑을 세웠는데, 정효 공주 묘 위에도 7층 정도의 탑이 있었을 것으로 보인다.

고구려를 계승한 발해 문화

발해가 고구려를 계승한 나라임은 여러 유물과 유적에서도 확인할 수 있다. 특히 발해의 토기와 기와 장식, 불상 등은 고구려의 그것과 매우 닮았으며, 고구려의 난방 장치인 온돌 장치가 발해 유적에서도 발굴되었다.

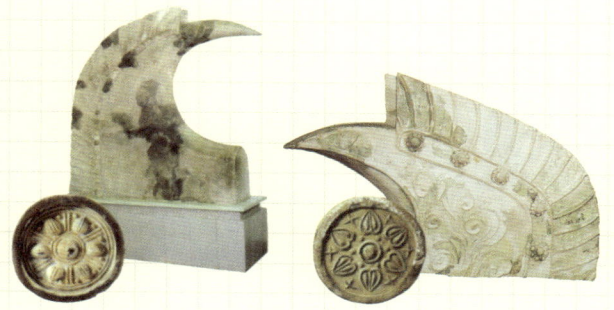

고구려 기와와 치미(왼쪽)와 발해 기와와 치미(오른쪽)

고구려 토기(왼쪽)와 발해 토기(오른쪽)
수도 상경성에서 발견된 발해 토기는 나팔 모양 입구 부분 등이 고구려의 토기와 비슷하다.

고구려 온돌(위쪽)과 발해 성터에서 발견된 온돌(아래쪽)

이불 병좌상
두 부처가 나란히 앉아 있는 석조 불상이다. 높이가 29센티미터이며 7세기 고구려 불교 신앙이 발해로 이어졌음을 보여 준다.

꽃피는 신라 문화

당과의 교류

8세기 중반 당나라, 발해, 신라 사이에 평화가 자리 잡았고, 교류가 어느 때보다 활발하게 이뤄졌다.

발해가 일본에 사신을 보낸 것처럼 신라도 일본에 사신을 보냈고, 200명이 넘는 일본 사신이 신라에 오기도 했다. 통일 전쟁을 치르면서 백제와 일본 연합군에 혼쭐이 난 적도 있는 신라로서는 일본과의 관계에 신경을 쓸 수밖에 없었다. 그러나 일본이 자주 신라의 동해안을 침입한 데다 신라를 공격하려는 계획을 세우기도 했으므로, 신라와 일본의 관계는 그리 가까워지지 못했다. 그런데도 신라에서 만든 칼이나 놋그릇, 종이 등은 일본 귀족들 사이에서 인기가 많았기 때문에 신라와 일본 사이의 교류는 끊이지 않았다.

신라는 당나라와의 관계에 특히 공을 들였다. 당나라와의 교류를 통해 정치적 안정과 경제적 이익을 얻고, 발달된 학문과 문화를 받아들이기 위해서였다. 당나라는 영토가 넓은 만큼 다양한 문화를 품에 안은 국제적인 나라였다. 신라와 발해를 비롯해 주위의 여러 나라 사람이 한층 더 넓은 세상을 만나고 더 많은 것을 배우기 위해 푸른 꿈을 안고 당나라로 모여들었다.

신라에서는 해마다 당나라에 사신을 보냈는데, 이 사신을 따라 상인, 유학생, 승려, 통역관 등이 함께 갔다. 신라 사람이 많아지자 당나라에는 신라 사람들이 모여 사는 마을이 생겨나고, 신라인들이 모이는 절이 세워졌다. 또 신라인들을 감독하기 위해 따로 관청도 만들어졌다.

상인들은 당나라에서 귀족들이 좋아할 만한 물건들을 사왔다. 아름다운 비단, 도자기, 책은 귀족들에게 비싸게 팔렸다. 뿐만 아니라 당나라를 통해 중앙아시아나 동남아시아의 보석과 양탄자 등도 들여왔다. 당나라에 와 있던 이슬람 상인들이 신라의 수도 금성까지 오기도 했다.

금동 초심지 가위
초의 심지를 자르는 데 사용된 가위이다. 경주 안압지에서 출토된 가위(위쪽)와 일본 쇼소인 창고에 보관된 가위(아래쪽)가 꼭 쌍둥이처럼 닮아 있어 신라와 일본 사이의 교류를 잘 보여 준다.

당나라로 간 승려도 많았다. 그들 가운데 일부는 당나라에 남아 당나라 불교에 이름을 남겼다. 의상 같은 승려는 당나라에서 돌아와 신라의 불교를 발전시켰고, 원효 같은 승려는 당나라에서 유학하지 않았지만 독자적인 방법으로 불교를 발전시켜 당나라에까지 이름을 날렸다. 또 혜초처럼 당나라를 넘어 세계로 나아간 승려도 있었다.

신라의 큰 스님, 원효와 의상

툭. 투둑.

빗방울이 떨어지기 시작했다. 어느새 날은 저물어 주위는 칠흑같이 어두워졌고, 빗줄기는 점점 거세어졌다.

"스님, 어서 이쪽으로 오십시오. 여기 비를 피할 만한 곳이 있어요."

어두워서 잘 알 수는 없었지만, 반쯤 부서져 내린 흙집 같아 보였다. 두 사람은 얼른 안으로 들어갔다.

"배를 놓쳤는데 비까지 내리는군요. 오늘은 여기서 묵어야겠습니다."

원효와 의상, 두 사람은 10여 년 전에도 당나라로 가기 위해 길을 떠났었다. 고구려를 지나 당나라로 걸어가려고 했던 두 사람은 첩자로 오해를 받고 감옥에 갇혔다. 다행히 겨우 풀려났지만, 당나라로 가지 못하고 신라로 돌아와야 했다. 그래서 이번에는 뱃길을 선택했는데, 그 길 역시 험하기는 마찬가지였다. 마흔을 훌쩍 넘긴 나이, 결코 젊다고 할 수 없는 두 사람이었다. 그러나 넓은 세상에서 부처님 말씀을 배우려는 그들의 마음만은 여느 젊은이 못지않았다.

원효와 의상
원효(왼쪽)와 의상(오른쪽) 등 뛰어난 승려들의 노력으로 불교 이론이 발전했고, 왕실과 귀족이 주로 믿던 불교가 일반 백성에게도 널리 퍼졌다.

'아, 목말라. 어디 마실 물이 없을까?'

원효는 잠결에 어둠 속을 더듬거렸다. 그의 손에 바가지 같은 것이 잡혔다. 물이었다. 원효는 꿀꺽꿀꺽 물을 마셨다.

"아, 시원해. 부처님께서 주신 물이구먼."

다음 날, 잠에서 깬 원효는 기지개를 켜고는 주위를 둘러보았다. 그때 원효의 눈에 흙에 반쯤 파묻힌 채 여기저기 흩어져 있는 뼈들이 보였다. 그 사이에 썩은 물이 담겨 있는 해골이 있었다.

"설마, 내가 마신 물이? 윽~ 우웩~"

원효는 구역질을 참을 수가 없었다.

"스님, 괜찮으십니까?"

의상이 등을 두드리며 물었지만 원효는 그 자리에 주저앉은 채 아무 대답도 없었다.

'저 물을 내가 마셨다니. 저 더러운 물을. 어젯밤에 마신 물은 정말 꿀맛이었는데…… 저 물이 어제 그 물이란 말인가.'

원효의 마음은 어지러웠다. 그 순간, 원효는 뭔가 번뜩 깨달았다.

'아, 그렇구나! 어제 내가 맑은 물이라 생각했을 때 마신 그 물은 정말 맛있었다. 오늘 썩은 물이라 생각하니 구역질이 나는구나. 그렇다! 모든 것은 마음에 달린 것, 진리는 바로 그것이다!'

원효는 눈앞을 가리던 안개가 한순간에 사라지는 것을 느꼈다.

깨달음을 얻은 원효는 당나라로 가는 길을 포기하고 금성으로 돌아왔고, 의상은 당나라로 향했다.

금성으로 돌아온 원효는 계속된 전쟁으로 힘들어 하는 백성들에게 부처님의 말씀을 전하고 싶었다. 왕실과 귀족들은 많은 절을 짓고 소원을 빌었지만, 아직도 백성들에게 불교는 낯설었다.

'어떻게 하면 좀 더 쉽게 부처님의 깨달음을 전할 수 있을까?'

원효는 부처님 말씀을 노래로 만들어 가르쳐 주기도 하고, 사람들과 함께 춤을 추기도 했다.

"여보시게, 내가 염불하나 가르쳐 줄 테니 따라해 보게. 나무아미타불~"

"나무아무? 그게 무슨 뜻인데요?"

"하하. 나무아미타불이라니까. '아미타 부처님을 믿습니다. 부처님 구원해 주세요.'라는 뜻이라네. 아미타 부처님은 극락세계의 부처님이야. 자네를 구원해 주실 걸세."

원효는 불경을 읽을 줄 몰라도, 부처님의 말씀을 이해할 수 없어도, '나무아미타불'을 외우고 진심으로 믿으면 구원받을 수 있다고 설파했다. 이러한 생각은 힘겹게 살아가던 백성들에게 희망으로 다가왔다.

원효는 외국에서 공부하지도 않았고 특별히 스승에게 배우지도 않았지만, 불교 이론을 해석하는 데도 뛰어났다. 당시 불교는 '깨달음을 얻으려면 어떻게 해야 하는가', '진리는 무엇인가'에 대해 토론하며 발전해 나가고 있었다. 그 과정에서 해답을 놓고 서로 대립하거나 갈등을 빚기도 했다. 이 같은 상황을 해결하고자 원효는 마음은 하나라면서 불교 이론을 통합했다.

한편, 의상은 당나라로 건너가 화엄 사상을 공부했다. 화엄 사상은 진리의 빛으로 온 세상을 환하게 비추는 것, 곧 부처님이 깨달음을 얻은 과정을 통해 진리를 깨우치려는 것이다. 10년 동안의 공부를 마치고 신라에 돌아온 의상은 왕실의 도움을 받아 많은 절을 세우고 자신이 공부한 것을 제자들에게 가르쳤다. 화엄 사상은 아주 어려웠기 때문에 의상은 그 가운데 가장 중요한 내용만을 간추리고 외우기 쉽게 만들어서 승려들과 불교를 믿는 사람들에게 가르쳤다.

6두품 출신 원효와 진골 출신 의상. 두 사람의 삶은 너무나 달랐지만 부처님 세상을 만들려는 꿈은 같았다. 이들을 통해서 신라의 불교는 더 깊고 넓게 발전했다.

부처님 나라, 신라

별이 아직 밝게 빛나고 있는 새벽, 김대성은 절에서 울려오는 깊은 종소리에 잠에서 깨어났다. 그리고 지난 20년 동안 자신의 혼과 땀을 모두 쏟아부은 불국사로 향했다.

   김대성은 아픈 몸을 이끌고 천천히 돌계단을 밟아 올라갔다. 석가모니 부처님을 모신 대웅전 앞에 세운 탑 2개가 보였다. 군더더기 없이 단순하

면서 날렵한 석가탑과 화려한 다보탑의 모습이 드러나고 있었다. 석가탑 안에는 부처님 말씀을 적은 《무구 정광 대다라니경》을 넣을 것이다. 김대성은 합장을 하고 탑 주위를 천천히 돌면서 읊조렸다.

"죽기 전에 이 절을 완성할 수 있도록 제게 힘을 주십시오."

신라인들은 자신들이 살고 있는 땅이 바로 불국토라고 생각했다. 불국사는 그야말로 현실에 만들어진 부처님 나라였다. 절의 가운데에는 석가모니 부처님의 세계, 서쪽은 아미타불의 극락세계, 뒤쪽 비로전은 불교의

《무구 정광 대다라니경》
세계에서 가장 오래된 목판 인쇄물로 석가탑에서 발견되었다.

진리를 상징하는 비로자나불의 세계를 보여 주고 있었다. 불국사의 모든 건물과 문, 계단에도 부처님 나라와 관계된 이름을 붙였다.

불국사를 한 바퀴 돌아본 김대성은 토함산 길을 천천히 올랐다. 동해를 바라보고 앉아 있는 석굴암의 본존불 앞에 이르러 다시 합장했다.

떠오르는 태양 빛을 받아 부처님 얼굴이 드러나기 시작했다. 석굴암 안에 도드라지게 새겨 놓은 금강역사, 사천왕, 관음보살님이 지금이라도 돌 속에서 걸어 나올 것만 같았다. 김대성은 결국 불국사와 석굴암을 완성하지 못한 채 죽었고, 그 뒤 나라에서 완성했다.

불국사와 석굴암은 신라인의 종교적 열정과 뛰어난 과학 기술, 경제력을 바탕으로 모든 문화적 힘을 쏟아부어 만든 최고의 작품이었다.

백성의 마음에 새겨진 부처님

왕과 귀족들은 많은 돈과 땅을 내어 절을 짓고, 커다란 종과 불상을 만들었다. 신라의 수도 금성에는 수많은 절과 탑이 세워졌다. 신라 사람들에게 불교는 믿음이자 생활 그 자체였다. 사랑하는 사람을 만나기를 바라며,

아기가 생기기를 바라며, 아픈 가족의 병이 빨리 낫기를 바라며, 죽은 이가 좋은 세상에 가기를 바라며 사람들은 절을 찾았다. 사람들이 절을 찾으면서 불교는 점차 백성들의 마음속에도 자리 잡아 갔다.

불국사가 만들어지던 무렵, 신라의 한 고을에 욱면이라는 여자 종이 살았다. 주인을 따라 절에 간 욱면은 절 마당을 쓸면서 스님들이 외우는 염불을 따라 외며 기도했다. 욱면은 9년 동안 하루도 빠지지 않고 기도를 올렸다. 그러던 어느 날 하늘로부터 큰 소리가 울렸다.

"욱면은 법당에 들어와 염불을 하거라."

스님들과 함께 법당에서 기도를 하던 도중, 갑자기 욱면의 몸이 하늘로 솟구쳐 올랐고, 온몸에 빛이 나면서 욱면은 부처가 되어 사라졌다.

보잘것없는 여자 종이 부처가 되었다는 이야기는 백성들 사이에서 널리 퍼져 나갔다. 이 이야기를 전해 들은 백성들은 자신들도 정성을 다해 부처를 섬기면 욱면처럼 부처가 될 수 있을 거라는 희망을 가졌다. 그들은 시주할 돈도

경주 남산 칠불암 마애석불과 용장사지 3층 석탑
경주 남산은 부처가 머무르는 산이라 여겨져 바위마다 수없이 많은 불상이 새겨지고 탑이 세워졌다.

없고 경전도 몰랐지만, 마음만은 정성을 다해 부처를 믿었다.

경주 남산 골짜기와 바위에는 수많은 부처님이 새겨지고 탑이 세워졌다. 잘 만든 장인의 솜씨도 있고, 윤곽만 겨우 보이는 부처도 있다. 얼굴만 도드라지게 새긴 불상도 있고, 머리는 없이 몸만 남아 있는 커다란 불상도 있으며, 만들다가 그만둔 불상도 있다.

깎아지른 듯한 벼랑 위 바위에 새겨 놓은 불상도 있고, 가파른 골짜기 꼭대기에 세워 놓은 탑도 있다. 석굴암 부처님에 비해 솜씨는 떨어질지 몰라도, 그 마음만은 누구에게도 뒤지지 않는 훌륭한 작품들이었다.

하지만 불교가 신라의 백성들을 구원해 준 것은 아니었다. 불교에서는 자비를 베풀라고 가르쳤지만 귀족들은 백성에게 자비를 베풀지 않았다. 오히려 더 큰 절과 더 커다란 종을 만드는 데 백성을 동원했기 때문에 백성들의 고통은 날로 심해졌다.

불교는 사람들의 마음속에 점점 더 깊이 자리 잡았지만 절은 백성의 고통을 덜어 주지 못했다. 신라의 백성들에게는 새로운 믿음이 필요했다.

신라인의 노래, 향가

월명사는 달을 보며 생각에 잠겼다. 고요한 달빛 아래 세상은 모두 죽은 듯이 잠들어 있었다. 월명사는 시를 잘 짓기로 유명했는데, 이런 시를 '향가'라고 했다.

월명사는 얼마 전 죽은 누이를 떠올리며 흔들리는 마음을 담아 시를 썼다. 그리고 누이의 영혼이 평안하기를 바라며 합장했다.

죽은 누이를 그리는 노래	제망매가(祭亡妹歌)
삶과 죽음의 길은	生死路隱
여기에 있음에 두려워	此矣有阿米次伊遣
나는 가노라는 말도	吾隱去內如辭叱都
못 다 이르고 갔는가	毛如云遣去內尼叱古
어느 가을 이른 바람에	於內秋察早隱風未
여기저기 떨어지는 잎처럼	此矣彼矣浮良落尸葉如
같은 나뭇가지에 나고서도	一等隱枝良出古
가는 곳 모르는구나	去奴隱處毛冬乎丁
아아, 극락에서 만나 볼 나는	阿也彌陀刹良逢乎吾
불도를 닦으면서 기다리련다.	道修良待是古如

향가를 짓는 사람들은 주로 승려나 화랑이어서, 불교를 믿는 마음을 노래하거나 이름난 화랑을 높이는 노래가 많았다. 어떤 사람들은 향가를 부르면 주문을 외우는 것 같은 효과가 있다고 믿었다. 그래서 나쁜 기운을 쫓거나 재앙을 물리치는 노래가 만들어지기도 했다.

향가는 '향찰'로 기록되었는데, 한자의 뜻과 소리를 가져다가 우리말을 기록하는 독특한 방법이었다.

향가는 신라인의 노래, 신라인의 마음이었다. 신라 시대에는 향가가 널리 유행해 향가 작품집이 편찬되기도 했는데, 오늘날까지 25수의 향가가 남아서 전해지고 있다.

세계 속의 한국인

혜초, 천축국을 여행하다

대식 · 파사 · 북천축 · 서천축 · 알로르 · 중천축 · 나시크 · 남천축 · 파미르 · 간다라 · 잘란다라 · 카냐쿠자 · 마하보디 · 동천축 · 카슈가르 · 둔황 · 토번 · 장안 · 흑산도 · 밍저우 · 울주 · 광저우

→ 혜초가 간 길
→ 혜초가 지났을 것으로 추측되는 길

  혜초는 뱃전에 앉아 생각에 잠겼다. 오로지 불교를 공부하고 싶다는 마음에 두려움도 없이 중국을 향해 떠난 열여섯 살 때가 떠올랐다. 혜초는 천축국에서 온 스님 금강지를 스승으로 모시고 불교를 배웠다. 스승은 혜초에게 부처님이 나신 땅, 천축에 가 보라고 권했다. 천축은 바로 인도였다.
  '떠나는 사람은 100명도 넘지만 돌아온 사람은 한 명도 없다던데, 무사히 도착할 수 있을까?'
  먼 길을 떠나는 혜초의 마음은 무거웠다.
  '말은 통할까? 음식은 입에 맞을까? 정말 막막하구나.'
  아는 사람도 하나 없는 낯선 나라로 가는 길. 두려움과 걱정이 밀려왔다. 하지만 혜초의 가슴 한편은 설렘으로 두근거리기 시작했다.
  '아, 천축국은 어떤 곳일까? 그곳 사람들은 어떻게 생겼을까? 그곳에서 또 어떤 새로운 것들을 보고 배우게 될까?'

바닷길을 통해 천축에 도착한 혜초는 인도 여러 지역을 여행했다. 그리고 간다라를 지나 서쪽으로 길을 떠났다. 그곳에는 이슬람 세계가 있었다. 낯섦과 두려움도 새로운 세계에 대한 호기심을 누르지 못했다. 혜초는 페르시아에 이르러 그제서야 발걸음을 돌렸다. 갈 때는 바닷길로 갔으니 올 때는 다른 길로 걷고 싶었다. 그래서 혜초는 파미르 고원을 넘어 오는 사막길을 택했다.

4년여에 걸친 여행을 마치고 당나라로 돌아온 혜초는 그동안 자신이 보고 들은 것들을 글로 생생하게 적어 남겼다. 《왕오천축국전》이라 이름 붙인 이 책은 당시의 인도와 중앙아시아의 모습을 알려 주는 귀중한 자료이다. 아시아의 동쪽 끝에서 서쪽 끝까지, 바닷길과 사막길을 모두 오가며 뛰어난 글솜씨로 기행문을 남긴 혜초는 열린 마음을 가진 진정한 세계인이었다.

달 밝은 밤에 고향 길 바라보니
뜬 구름 너울너울 흘러가네.
구름 편에 편지라도 부쳐 볼까?
휙 지나가는 바람에, 나를 돌아보지도 않는구나.
내 나라는 하늘 끝 북쪽에 있고
이곳은 세상 끝 서쪽 모퉁이.
무더운 남쪽 나라에는 기러기도 없으니
누가 소식 전하러 계림으로 날아가 줄까.

《왕오천축국전》
727년에 혜초가 쓴 책이다. 당시의 인도와 비단길 지역의 종교와 풍속, 문화가 실려 있으며, 지금은 프랑스 파리 국립 도서관에 보관되어 있다.

문화재를 찾아서

천년의 신비, 석굴암

인도나 중국에서는 자연 굴이나 바위를 파서 만든 석굴 안에 사원을 짓고 불상을 조각해 놓는 경우가 많았다. 그에 비해 우리나라의 바위는 단단한 화강암이라서 석굴 사원을 만들기가 어려웠다.

　신라 사람들은 화강암을 잘라 쌓아 올려서 석굴을 만드는 방법을 생각해 냈다. 석굴암은 360여 개의 돌로 쌓아 올린 인공 석굴이다. 석굴암을 건축할 때 가장 어려웠던 부분은 천장이었다. 네모나게 자른 돌덩어리로 둥근 천장을 만든다는 것은 불가능해 보였다. 조금만 어긋나도 천장이 주저앉아 버리곤 했기 때문이다. 신라 사람들은 기다란 '팔뚝돌'을 끼워 넣는 것으로 문제를 해결했다. 세계 어디에서도 찾아볼 수 없는 창의적인 생각이었다.

　부처님이 계시는 영원의 공간을 만들기 위해 치밀하게 설계하고 정교하게 돌을 잘라서 한 치의 틈도 없이 쌓아 올려 비로소 천 년을 버티는 석굴을 만들 수 있었다.

팔뚝돌
단단한 화강암으로 둥근 천장을 만들기 위해 긴 팔뚝돌을 끼워 넣었다. 천장 무게를 자연스럽게 분산시켜 고정하는 역할을 했다.

십일면 관음보살
본존불의 뒤에 숨어서 찬란한 아름다움을 숨기고 있는 신라의 여인. 모든 것을 사랑해 주는 연인이나 모든 잘못을 용서하는 어머니처럼 자애로운 보살의 모습이다.

금강역사
커다란 눈, 튀어나온 광대뼈, 우락부락한 팔뚝. 속세의 잘못과 욕심으로 더러워진 마음을 모두 버리고, 깨끗한 부처님의 세계로 들어오라는 단호한 얼굴을 하고 있다.

본존불
돌을 쪼아서 생명을 불어넣고 그 안에 진리와 영원을 담았다. 한 점 흔들림 없는 모습으로 앉아 있는 부처님. 그 엄숙한 아름다움 앞에서 어느새 머리가 숙여지고 마음은 깨끗해진다.

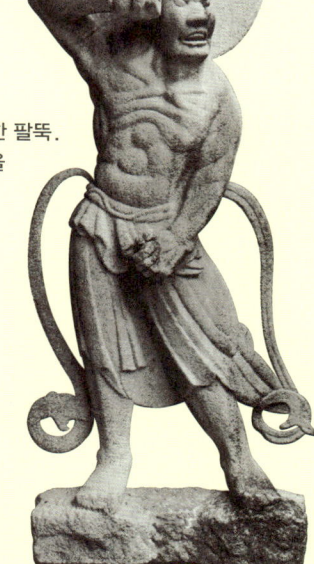

760년
765년 신라, 혜공왕 즉위
771년 성덕 대왕 신종 완성

780년
788년 신라, 독서삼품과 설치
792년 발해, 정효 공주 무덤 만듦

3

무너지는 왕국

850년
846년　신라 장보고, 피살
889년　신라, 원종과 애노의 봉기
894년　신라 최치원, 시무 10조 개혁안 올림

800년
818년　발해, '해동성국' 전성기 맞음
822년　신라, 김헌창의 난
828년　신라 장보고, 청해진 설치

흔들리는 왕국

불안한 왕의 자리

불국사와 석굴암이 완성되었다. 경덕왕은 아버지 성덕왕을 기리기 위해 성덕 대왕 신종을 만들기 시작했다. 바야흐로 통일 신라의 전성기였다. 그러나 그것은 겉모습일 뿐, 신라는 안부터 곪아 가고 있었다.

경덕왕은 고민거리를 안은 채 끙끙거리고 있었다. 진골 귀족의 힘은 날이 갈수록 세졌고, 왕의 권한은 점점 더 줄어들었다. 경덕왕은 능력에 따라 관리를 선발하기 위해 독서삼품과를 설치하는 등 여러 가지 개혁을 시도했지만 별 효과를 거두지 못했다. 오히려 귀족들의 요구에 밀려 신문왕 때 없어졌던 녹읍을 다시 부활시켰다. 녹읍을 통해 진골 귀족들은 더 많은 재산을 모으고 힘을 키웠다. 그것은 신라의 비극을 여는 시작이었다.

765년, 경덕왕이 죽고 여덟 살 난 그의 아들이 왕위에 올랐다. 신하들은 새 임금 혜공왕에게 저마다 머리를 숙여 인사를 올렸다. 그러나 올린 소매 사이로 번뜩이는 차가운 눈빛까지 숨길 수는 없었다. 그들은 모두

어린 왕의 할아버지이거나 작은 아버지 또는 삼촌 뻘 되는 사람들이었다. 진골 귀족들은 저마다 높은 자리를 하나씩 차지하고 앉아서, 왕의 자리를 노리고 있었다.

혜공왕 4년에 반란이 일어났다. 반란군은 33일 동안 왕궁을 포위했고, 진골 귀족들은 두 편으로 나뉘어 크게 싸웠다. 진골 귀족의 수는 점점 늘어나 이제 진골이라는 이유만으로 높은 관직에 오를 수 없었기 때문에 자기들끼리 편을 갈라 권력 다툼에 나섰던 것이다. 가까스로 반란은 진압되었지만, 그 뒤에도 크고 작은 반란이 꼬리를 물고 일어났다.

10여 년의 세월이 흘렀다. 왕의 자리는 항상 불안했고, 귀족들의 세력은 날로 커져 갔다. 결국 혜공왕은 780년에 일어난 반란으로 칼에 맞아 죽었다. 그 뒤로 신라의 귀족들은 왕위를 차지하기 위해 피비린내 나는 싸움을 계속했다.

장보고, 왕을 바꾸다

836년, 흥덕왕이 죽자 다시 한 번 피바람이 불었다. 왕위를 노리던 김제륭이 삼촌 김균정을 살해하고 왕이 된 것이다. 김균정의 아들 김우징은 피할 곳을 찾아 장보고에게로 왔다.

성덕 대왕 신종
높이 3.75미터로 우리나라에 남아 있는 종 가운데 가장 큰 종이다. 장중하면서도 영롱한 종소리에는 어린 자식을 시주했다는 슬픈 전설이 담겨 있다.

장보고는 청해진의 주인이었다. 그 무렵 서해는 해적이 들끓는 무법천지였다. 신라 정부의 힘은 약했고, 당나라 역시 쇠약해져 해적을 소탕할 힘이 없었다. 해적들은 서해를 오가는 배를 공격했고, 신라 사람들을 잡아 당나라에 노비로 팔았다. 당나라에 건너가 군인이 된 장보고는 신라 사람들이 당나라에서 고통받는 모습을 보고 분노했다.

당나라에서 돌아온 장보고는 흥덕왕을 찾아가 청해에 진을 설치해 해적을 막아야 한다고 주장했다. 흥덕왕의 허락을 얻은 장보고는 군사 1만 명으로 청해진을 건설했다. 청해진은 당나라에서 우리나라의 남해안을 거쳐 일본을 오가는 뱃길의 가운데에 자리 잡고 있었다.

장보고는 해적을 없애고 서해의 무역을 주도했다. 당나라와 일본 사이를 안전하게 오가고 싶은 이들은 장보고에게 보호를 요청했다. 장보고는 무역을 통해 큰 부와 명예를 얻었다. 신라에 왕이 있다면, 장보고는 해상 무역 왕국의 왕이었다.

완도 청해진 유적
완도 청해진 터에 남아 있는 목책(동그라미 친 부분)의 흔적이다. 목책은 말뚝을 박아 울타리로 만든 방어 시설이다. 청해진은 신라와 당, 일본을 연결하는 해상 무역의 중심지였다.

신라의 교역로와 장보고의 활동 범위
장보고가 청해진을 거점으로 서해의 해적을 소탕하고 해상권을 장악하면서 사람들은 더욱 활발히 교역할 수 있게 되었다.

그러나 신라 정부는 장보고에게 큰 상을 주거나 높은 벼슬을 내리지 않았다. 장보고가 귀족이 아니었기 때문이다. 그렇지만 귀족 중 누구도 장보고의 힘을 무시하지 못했다. 금성에서 반란이 일어나 또다시 왕이 바뀌었다는 소식이 들려왔다. 김우징은 장보고에게 부탁했다.

"대사, 지금 신라 왕실은 매우 어지럽소. 나에게 군사를 빌려주시오. 아버지의 원수를 갚고 나라를 바로 세우겠소."

장보고는 그동안 섬에서 태어난 평민 출신이라는 이유로 번번이 자신을 무시해 오던 귀족들이 떠올랐다. 장보고는 신분의 벽을 뛰어넘고 싶었다.

"좋습니다. 제가 도와드리지요. 대신 제 딸을 며느리로 삼아 주십시오."

김우징은 장보고의 군사를 이끌고 금성에 쳐들어가 왕을 죽이고 새 왕이 되었다. 장보고가 평민의 힘으로 신라의 국왕을 바꾼 것이다.

1년 뒤, 김우징의 아들이 왕이 되었다. 약속대로 장보고의 딸을 왕비로 맞이하려고 했으나 금성의 진골 귀족들이 완강히 반대했다. 왕도 장보고의 힘이 더 강해지는 것이 두려웠다. 결국 장보고는 왕이 보낸 암살자에게 살해당했다.

장보고가 죽고 청해진은 없어졌다. 그곳의 군사와 백성들은 모두 끌려가 농민이 되었다. 바다를 차지하고 무역을 주름잡던 신라는 스스로 한반도 안에 웅크리고 앉아 있게 되었다.

삼촌이 조카를, 조카가 삼촌을, 사촌이 사촌을 죽이고 왕이 되는 혼란이 계속되었다. 누구도 왕을 존경하지 않았고 왕의 명령에 따르지도 않았다. 언제 왕이 바뀔지 아무도 몰랐다. 진골 귀족들의 싸움은 계속되었고, 지방에서는 반란이 이어졌다. 신라는 안으로부터 무너지고 있었다.

해동성국 발해

발해 문왕은 60년 가까이 왕위에 있으면서 발해의 기틀을 마련했다. 수도를 상경성으로 옮기고 3성 6부의 통치 체제를 갖추는 등 나라 안을 다스리기 위해 노력했을 뿐 아니라 황제와 같은 뜻인 황상으로 불리면서 발해가 동쪽의 강력한 국가라고 자부했다.

그런데 문왕이 죽은 뒤 발해의 왕은 25년 동안 6명이나 바뀌었다. 신라가 혜공왕 이후 계속되는 왕위 계승 다툼으로 어지러울 때 발해 역시 내분이 있었던 것이다. 그러나 신라가 위기를 극복하지 못하고 나라 전체가 서서히 무너져 간 것과 달리, 발해는 818년에 선왕 대인수가 즉위하면서 혼란을 끝내고 전성기를 열었다.

선왕은 신라의 정치가 혼란스럽고 당나라가 반란으로 어지러운 틈을 타, 주변 지역을 정복해 영토를 크게 넓혔다. 이제 발해의 영토는 전성기 고구려 땅의 두 배나 되었다. 발해는 넓은 영토를 다스리기 위해 전국을 15개의 부로 나누었다. 또 당나라와 활발하게 교류해 문화적인 힘을 키웠다. 발해의 국력은 눈부시게 발전해, 당나라는 발해를 바다 동쪽의 번성한 나라라는 뜻의 '해동성국'이라고 불렀다. 쇠퇴하는 신라와 전성기의 발해, 신라와 발해의 관계는 이제 역전되었다.

897년, 발해 왕자 대봉예가 사신으로 당나라에 갔다. 아시아의 여러 나라에서 온 사신들이 당나라의 황제를 만나기 위해 각자 정해진 자리에 앉았다. 당나라 황제는 각 나라의 국력에 따라 자리를 정했고 사신들은 그 자리에 앉도록 되어 있었다. 황제의 동쪽 줄에는 신라가 첫 번째 자리에,

대식국(아라비아)이 두 번째 자리에 앉았다. 서쪽 줄에는 티베트가 첫 번째 자리에, 왜가 두 번째 자리에 앉았다. 발해의 자리는 신라보다 뒤였다. 대봉예는 이를 받아들일 수가 없었다.

'우리 발해가 신라보다 못하다는 것이 말이 되나. 영토의 크기로 보나 나라의 힘으로 보나 이제 우리가 신라를 앞서지 않았는가. 당나라에 보내는 사신과 유학생의 수로 보아도 절대 뒤지지 않는다. 게다가 지난번에는 빈공과 수석도 발해 사람이 차지하지 않았는가. 이참에 발해가 신라보다 앞선 나라임을 확실하게 해야겠다!'

대봉예가 입을 열었다.

"황제께서도 이미 알고 계시겠지만, 발해의 국력이 신라를 앞선 지 오래되었습니다. 그러니 사신의 자리를 바꿔 주십시오."

대봉예의 요청에 신라의 사신은 사색이 되어 급하게 말을 받았다.

"사신의 자리가 어찌 땅의 넓이나 힘의 크기로만 결정되겠습니까? 황제 폐하, 지난 세월 신라가 당나라와 맺어 온 오랜 인연을 생각해 주소서."

당나라 황제는 오래전부터 해 오던 관행이니 바꿀 필요가 없다며 대봉예의 요청을 거절했다. 신라의 사신은 다행스럽다는 듯 한숨을 내쉬었다. 하지만 발해의 국력이 신라를 넘어섰음을 당나라와 신라, 발해 모두가 알고 있었다.

해동성국, 그 발전의 그늘

발해의 수도 상경은 아주 큰 도시였다. 상경성은 당나라 수도 장안성을 본떠 세웠는데, 가운데에는 마차 수십 대가 한꺼번에 지나갈 수 있는 큰 길이 나 있었고, 양옆으로 상점과 집들이 나란히 줄지어 있었다. 시장에서는 지방에서 올라온 담비 가죽, 호랑이 가죽, 말이 거래되고 있었고, 당나라에서 온 귀한 물건이나 일본에서 온 황금과 수정도 많이 있었다.

상경에 세워진 절들은 고구려와 당나라의 특징 위에 발해의 기상을 담고 있었다. 불상이나 벽화의 수준은 결코 당나라나 신라에 뒤지지 않았다. 또 상경에 살고 있는 발해 귀족들의 생활은 당나라와 어깨를 나란히 할 정도였다.

그러나 수도 상경의 세련된 문화가 지방에까지 퍼진 것은 아니었다. 발해의 넓은 영토 곳곳에는 다양한 문화가 존재했고, 지방의 문화와 발해 지배층의 문화 사이에는 상당한 수준 차이가 있었다. 해동성국이라

불리며 발전했던 발해의 문화는 수도를 중심으로 한 일부 지역의 모습일 뿐이었다. 발해 지배층의 문화는 지방까지 전해지지 못했고, 발해 정부의 힘도 지방까지 미치지 못했다.

발해의 넓은 영토에는 여러 민족이 함께 어울려 살고 있었다. 발해의 지배층은 이들을 어떻게 한 나라의 백성으로 만들 것인지 고민했다. 그러나 발해는 지방을 직접 다스리지 못했다. 지방을 다스리던 이들은 예전부터 그 지역에 살면서 지역 주민을 지배해 오던 촌장들이었는데, 백성들은 이들을 '수령'이라고 불렀다. 지방의 수령들은 독자적인 세력이었고, 발해 정부는 이들의 지방 지배를 인정하는 대신 도움을 받았다.

수령들은 발해 정부의 힘이 강할 때에는 발해의 통치를 받았지만, 힘이 약해지면 언제든지 등을 돌릴 수 있는 세력이었다. 스스로 발해 사람이라는 생각이 약했기 때문이다. 이것이 발해가 안고 있는 가장 커다란 문제였다. 게다가 오랫동안 전쟁이 없고 평화가 계속되었기 때문에 발해의 군사력은 저절로 약화되었다.

발해의 번영과 평화는 마치 기초를 다지지 않은 땅 위에 커다란 집을 지은 것과 같았다. 여러 민족과 지방 세력이 발해 안에서 하나가 되지 못했기 때문에 나라 안의 사소한 문제나 나라 밖의 작은 충격에도 발해는 흔들릴 수밖에 없었다.

906년, 당나라가 멸망하고 중국은 다시 혼란에 빠졌다. 그 사이 당나라의 북쪽에 살던 거란족은 통일을 이루고 요나라를 세웠다. 빠른 속도로 세력을 키워 나가던 요나라는 군대를 이끌고 발해를 공격했다. 보름 만에 수도 상경성이 함락된 뒤 926년 1월, 발해는 제대로 된 저항 한 번

못 하고 멸망했다.

거란은 발해 땅의 동쪽에 있는 거란의 나라라는 뜻으로 '동단국'을 세웠다. 하지만 발해 사람들의 저항이 계속되어 오래가지 못하고 멸망했다. 발해 왕자 대광현은 백성들을 이끌고 고려로 내려왔다. 그 뒤 200여 년 동안 12만 명이나 되는 발해 백성이 고려 땅에 들어와서 살았다.

발해 땅에서는 발해를 다시 세우려는 노력이 끊이지 않고 계속되어 후발해, 정안국, 흥요국이 세워졌다가 사라졌다. 발해라는 이름을 내세운 마지막 나라는 1116년에 세워졌던 '대발해국'이었다. 발해가 멸망한 뒤 200여 년이라는 세월이 흘렀지만, 발해를 계승한다는 의식이 뚜렷하게 남아 있었다. 발해는 쉽게 사라지지 않았던 것이다.

그러나 발해를 멸망시킨 거란도, 발해 사람들을 받아들인 남쪽의 고려도 발해의 역사를 기록해 남기지 않았다. 나라를 세웠을 때부터 연호를 제정하며 황제의 국가로 당당하게 발전해 나갔던 발해 역사의 많은 부분이 시간이 지나면서 기억에서 지워져 버렸다.

발해 석등
크기가 6미터나 되는 석등으로 상경성의 절터에 우뚝 서 있다. 웅장하고 힘찬 발해의 건축 기술을 잘 보여 준다.

상경성 터
가장 오랫동안 발해의 수도였던 상경성은 지금은 자취만 남아 있지만 당시에는 동아시아에서 두 번째로 큰 도시였다.

깊어 가는 갈등

실크로드의 끝자락, 신라

"당에서 가져온 최고급 비단 있어요. 당나라 황제의 옷을 만드는 바로 그 비단이랍니다."

"거울 좀 사시지요. 보석이 박힌 예쁜 거울이 많이 있습니다. 선물로도 최고예요."

사람들의 발걸음을 잡기 위해 자기 물건을 자랑하는 상인들의 목소리가 분주했다. 이벌찬 댁의 집사 덕천은 심부름으로 시장에 온 김에 구석구석을 둘러보기로 했다. 한 달에 한두 번씩 들르는데도 올 때마다 새로운 물건들이 눈길을 끌었다.

"안녕하세요, 이벌찬 댁에서 오셨군요. 무엇을 찾으십니까?"

"푸른 보석이 박힌 머리 장식이 있나요? 당나라 서쪽에서 온 귀한 보석이라고 하던데요."

"아, 서역에서 온 슬슬을 말씀하시는군요. 이쪽으로 들어와 보시지요."

주인을 따라 가게 안쪽으로 들어가니 공작새의 꼬리 깃털이며, 커다란 거북의 등딱지며, 무늬를 짜 넣은 양탄자며, 이 땅에서 나지 않는 희귀한 물건들이 진열되어 있었다.

"여기 슬슬이 박힌 머리빗과 머리꽂이가 있습니다. 어떤 것으로 드릴까요?"

"오늘 잔치에 하실 거라고 했으니, 이 머리꽂이가 좋겠네요. 그런데 요즘 장사는 어떠십니까? 임금님께서 사치 금지령을 내리셨다면서요."

왕과 귀족들이 서로 경쟁이라도 하듯 외국에서 온 진귀한 물건들을 사들여 치장하자, 흥덕왕은 834년에 사치 금지령을 내렸다. 골품에 따라 사용할 수 없는 물품을 정한 것인데, 진골 귀족들은 허리띠에 흰 옥을 붙이거나 금실과 은실로 수를 놓은 비단을 입을 수 없었고, 금이나 은으로 만든 그릇을 사용할 수 없었으며, 동남아시아에서 들여온 나무로 수레를 만들지 못했다.

"혹시나 해서 이 안쪽에 들여놓기는 했지만, 요즘 누가 그런 걸 지키겠습니까? 돈이 어디서 나는지, 없어서 못 팔 지경이랍니다."

"그런데 이 진귀한 물건들을 다 직접 사 오십니까?"

"대부분 당나라에서 사 온답니다. 청해진이 설치된 다음에는 해적 걱정 없이 무역을 할 수 있어서 아주 좋지요. 그리고 먼 남쪽 나라에서 나는 물건들은 아라비아 상인들이 가져옵니다. 저쪽에 키가 크고 수염이 많은 외국인들 보이시죠? 저들이 아라비아 상인들이랍니다."

말로만 듣던 아라비아 상인 한 무리가 시장 한편에 모여 있었다. 텁수룩한 수염에 우락부락하게 생긴 아라비아 상인들 옆에는 다리는 길고

등에 혹이 달린 희한한 동물도 서 있었다. 사막에 사는 낙타라는 동물인데 일본으로 보낼 거라고 했다. 아라비아 상인들은 신라가 그려진 지도를 가지고 울산항을 드나들며 장사를 했다. 금성은 당나라 사람, 일본 사람, 아라비아 상인까지 드나들었던 그야말로 국제적인 도시였다.

화려한 귀족들의 생활

보석을 사서 집에 돌아와 보니 잔치 준비가 한창이었다. 사내 몇 명이 돼지를 잡느라고 모여 있었다. 남쪽 바닷가 작은 섬에 소와 돼지를 기르는 목장이 있는데, 오늘처럼 잔치가 열리는 날이면 잡아다가 요리를 했다.

'잘하면 오늘 밤엔 뼈에 붙은 고기 몇 점 주워 먹을 수 있겠는걸.'

덕천의 입안에 저절로 침이 고였다. 집 안에서는 노비들이 바쁘게 움직이고 있었다. 오늘 잔치가 열릴 봄 별장에는 지금쯤 꽃이 아주 예쁘게 피었을 것이다. 금성의 귀족들은 경치가 좋은 곳에 별장을 짓고, 계절마다 가장 아름다운 별장을 찾아가 놀다 오곤 했다. 금성에서는 하루가 멀다 하고 크고 작은 잔치가 열렸다.

진골 귀족들의 생활은 왕과 크게 다르지 않았다. 1000명이 넘는 노비를 거느렸을 뿐만 아니라 넓은 녹읍지에서 세금을 거뒀고, 그 돈으로 값비싼 비단과 보석을 사서 치장했다. 관직을 얻기 위해서 열심히 공부할

눈이 번쩍, 서역 물건 있습니다!
알록달록 아름다운 옥 구슬 목걸이, 로마에서 온 유리 그릇, 덥수룩한 수염을 가진 서역의 무사, 신라의 수도 금성은 세계적인 시장이었다.

괘릉을 지키는 무인석

송림사 금동 사리 장치와 유리 사리기

상감 옥 장식 목걸이
파란 유리옥에는 얼굴이 하얗고 눈이 파란 서역 사람의 모습이 그려져 있다.

필요도, 나랏일을 걱정할 필요도 없었다. 오로지 더 많은 땅과 재산을 얻기 위해 더 높은 자리를 차지하려고 했고, 군사를 동원해 왕위 쟁탈전에 뛰어들었다.

떠돌이가 된 농민들

다음 날, 덕천은 주인의 녹읍지를 둘러보러 길을 나섰다. 한나절을 계속 걸었더니 배도 고프고 다리도 아팠다. 고개를 넘는데 길섶에 사람들 서너 명이 앉아 있었다. 덕천은 그들 옆에 앉아 보퉁이를 풀고 개떡을 꺼냈다. 그들은 며칠을 굶었는지, 개떡을 보더니 눈을 반짝이며 덕천에게 다가왔다.

"좀 드시겠습니까?"

그들 가운데 한 명이 개떡을 냉큼 받아 한입에 넣고 우물거리더니 순식간에 삼켜 버렸다. 덕천이 그에게 물었다.

"어쩌다가 이런 신세가 되셨소?"

"예전엔 저희도 땅을 갖고 있었습니다. 나라에 세금을 내느라 힘들었지만, 그래도 열심히 일하면 그럭저럭 먹고살 수 있었어요. 5년 전인가, 3년 내리 가뭄이 드는 바람에 농사를 완전히 망쳤어요. 그때 진 빚을 갚지 못해 땅을 빼앗기고, 금성에 사는 귀족의 땅에서 농사를 짓기 시작했습니다. 그런데 아시다시피 지난여름에 큰 홍수가 났잖아요. 홍수가 끝나고 전염병이 돌아서 아이 둘이 죽고 마을 사람도 많이 죽었어요. 그런데도 세금을 줄여 주기는커녕 오히려 더 내라니, 견딜 수가 없어서 이렇게 도망을 나왔답니다. 아이고, 이놈의 팔자가 왜 이리 처량한지…….”

통일 전쟁이 끝난 뒤 백성들은 100년 정도 평화를 누리며 살았다. 하루하루 쉬지 않고 힘들게 일해야 겨우 입에 풀칠하는 정도였지만 가족들과 함께 살 수 있는 것만으로도 행복이라 여겼다. 나라에서는 관리를 보내 마을에 사는 사람이 몇 명인지, 여자가 몇이고 남자가 몇인지, 이들의 나이는 몇인지에 대해 조사해 갔다. 땅의 크기, 가축의 종류와 수, 뽕나무와 삼나무 수, 과일나무의 수 같은 것도 자세하게 조사했다. 세금을 매기기 위해서였다.

그러나 혜공왕 이후 금성에서 왕위 다툼이 계속 일어나면서 백성들의 사정은 더욱 나빠졌다. 관리를 뽑는 특별한 시험이나 기준이 없었기 때문에 대부분은 중앙의 진골 귀족들이 자기와 가까운 사람을 지방의 관리로 보냈다. 권력을 잡은 귀족이 바뀔 때마다 지방에는 새로운 관리가 내려왔다. 귀족들과 관리들은 서로 한통속이 되어 농민을 들볶아 더 많은 세금을 걷으려 했다.

"이제 어디로 가십니까?"

"갈 데가 있나요. 여기저기 떠돌아다니는 거죠. 잠은 길에서 자고요. 운 좋은 날에는 음식 찌꺼기라도 얻어먹지만 굶을 때가 대부분입니다. 가끔씩은 몰래 훔쳐 먹기도 하고 우르르 몰려가서 빼앗아 먹기도 해요."

덕천은 몰래 자기 보퉁이를 꼭 끌어안았다. 작별 인사를 하는 둥 마는 둥 하며 돌아서는 길에는 발걸음이 저절로 빨라졌다. 한참을 간 뒤에야 '그들도 농사짓는 것밖에 모르던 착한 사람들이었을 텐데.' 하는 생각이 들어 맥이 탁 풀렸다.

자식을 팔아서라도

녹읍지에 도착한 덕천이 마을을 둘러보았다. 이 마을도 사정이 다르지 않았다. 마을 사람들의 수가 눈에 띄게 줄었고, 남아 있는 사람들도 굶주림에 지쳐 있는 모습이었다. 덕천은 집으로 돌아가 주인에게 이 상황을 설명하고 세금을 좀 줄여 달라고 부탁해야겠다고 생각했다. 덕천이 돌아서려는 순간 한 아낙네가 다리를 붙잡고 애원했다.

"저, 금성에서 오신 분이지요? 주인댁에 노비가 필요하지 않으신지요? 이 아이를 데려다 쓰세요."

어린 사내아이 하나가 아낙네의 치맛자락을 붙들고 서 있었다.

"어미라고 제가 데리고 있어 봐야 먹이지도 못하는데, 차라리 부잣집에 노비라도 되면 굶지는 않겠지요. 제발 부탁이니 좀 데려가 주세요."

여인의 얼굴은 어느새 눈물범벅이 되었고, 아이는 영문도 모른 채 따라 울기 시작했다. 덕천은 황급히 다리를 빼내고는 도망치듯 마을을 빠져나왔다. 어제 주인집에서 열린 잔치가 생각나자 덕천은 가슴이 답답해졌다.

9세기가 되면서 가뭄이 들거나 흉년이 드는 해가 많아졌다. 무거운 세금을 견디지 못하고 녹읍지에서 도망 나와 떠돌아다니던 백성들은 도적 떼가 되기도 했다. 또 먹을 것을 구하기 위해 무작정 당나라로 떠나는 사람도 많았고, 해적이 되어 배를 타고 일본 땅에 쳐들어가 약탈을 하는 사람도 생겨났다.

늙은 아버지를 위해 자기 허벅다리 살을 베어서 국을 끓여 드렸다는 이야기나, 어머니의 밥을 빼앗아 먹는 아들을 땅에 파묻어 버리려고 했다는 이야기가 입에서 입으로 전해졌다.

소식을 들은 임금은 효자, 효녀라 하여 상으로 곡식을 보내기도 했다. 그러나 자기 허벅다리 살을 베는 고통과 자식을 땅에 파묻는 슬픔을 임금은 알고 있었을까?

기와지붕에 숯 땔감

880년의 어느 날, 헌강왕은 신하들과 함께 월상루에 올랐다. 줄지어 늘어선 집들 사이로 감미로운 노랫소리가 들려왔다. 왕이 물었다.

"요즘 사람들은 짚으로 지붕을 잇지 않고 모두 기와를 올렸다고 들었소. 밥을 지을 때도 나무를 때지 않고 비싼 숯을 사용한다던데, 그 말이 사실인가?"

"예, 저 역시 그렇게 알고 있습니다. 나무를 때면 연기가 많이 나서 매운데, 숯을 사용하면 연기도 나지 않고 음식 맛도 더 좋다고 합니다. 임금님께서 나라를 다스리신 뒤로 해마다 풍년이 들어 먹을 것이 넉넉할 뿐 아니라 전쟁도 없으니, 모두 훌륭하신 임금님 덕분이라고들 하옵니다."

헌강왕은 아주 흐뭇한 표정으로 금성 시내를 둘러보았다. 정말 나무 때는 연기를 찾아볼 수 없었다. 깨끗하고 화려하고 풍요로운 모습이었다.

헌강왕이 알고 있는 풍요로운 신라와 백성들이 스스로 제 몸을 팔아 노비가 되는 신라는 같은 나라가 아니었다. 금성 귀족의 삶과 굶주린 백성의 삶은 하늘과 땅 만큼이나 차이가 났다.

신라 금성 귀족들의 화려한 생활

기와지붕을 올리고 숯 땔감을 사용한 신라의 금성 귀족들. 이들은 고통에 신음하는 백성들의 힘겨운 삶을 알고 있었을까?

녹유 귀면와
악귀를 막기 위해 짐승의 얼굴을 무섭게 만든 기와이다.

풍로
숯을 넣고 불을 피우면 위쪽에서 두 종류의 음식을 함께 끓일 수 있다.

집 모양 뼈 그릇
통일 신라 시대에는 불교의 영향으로 화장이 크게 유행했다. 화장한 뒤 죽은 사람의 뼈를 담는 그릇이다.

새 시대의 주인공

새로운 실력자, 호족

일렁이는 푸른 물결 위로 하얀 돛을 단 배들이 보였다. 이곳은 예성강, 한강, 임진강이 만나는 바다로, 물건을 가득 실은 배들이 늘 드나들었다. 유상희는 예성강 하구에 근거지를 두고 무역을 해서 돈을 많이 벌었다. 이번에는 예성강 하구 주변의 사람들을 데려다가 성을 쌓고 집을 지었다.

"자자, 놀지들 말고 부지런히 일을 하게. 무너지지 않도록 튼튼히 쌓아야 하네. 거기, 그렇게 하면 안 돼. 이렇게 돌을 올려야지."

일하는 사람들을 둘러보던 유상희는 작제건이 왔다는 소식을 듣고 바닷가로 나왔다.

"그동안 안녕하셨습니까? 성이 거의 완성되었는데, 한번 가 보시겠습니까?"

"아닙니다. 멀리서 봐도 아주 훌륭하더군요. 저를 위해서 이렇게 큰 집과 성을 만들어 주시다니, 감사할 따름입니다."

작제건의 집안은 예성강에서 강화도를 거쳐 한강 하류에 이르는, 이 일대의 무역을 주름잡고 있었다. 작제건과 좋은 관계를 맺고 싶었던 유상희는 작제건을 위해 큰 집을 짓고 있었던 것이다.

장보고가 암살되고 청해진이 없어진 뒤에 신라의 무역은 크게 위축되었다. 해적이 다시 나타났고, 바다는 더 위험해졌다. 그러나 금성의 귀족들은 여전히 진귀한 물건들을 사들였기 때문에 서남 해안의 여기저기에서 몇 척의 배를 가지고 무역을 하는 사람들이 늘어났다. 그들 가운데 성공한 사람들이 있었으니, 작제건이나 유상희 같은 이들이었다.

"이번에는 어디로 가실 생각이십니까?"

유상희의 물음에 작제건이 대답했다.

"평산에 갔다 오려고 합니다. 패강진의 박 장군을 만나려고요."

평산은 예성강 북쪽으로 나아가는 교통의 요지이면서 국경 수비의 중심지였다. 782년, 선덕왕은 이곳에 패강진을 만들고 군대를 주둔시켰다. 평산 박씨 집안은 패강진을 지휘해 왔는데, 신라 정부가 약해진 틈을 타 세력을 키웠다. 평산 박씨는 패강진의 군대를 자신의 군대처럼 사용했고, 평산 주변 지역의 백성들을 다스렸다. 이들이야말로 평산의 진짜 지배자였다.

작제건은 이들과도 손을 잡고 세력을 키워 나갔다. 작제건의 손자가 바로 고려의 태조 왕건이었다. 신라의 수도 금성에서 멀찍이 떨어져 있는 이곳, 한주의 북쪽은 신라에서 가장 변두리 지역이었다. 하지만 돈을 벌거나 능력을 펼칠 수 있는 기회의 땅이기도 했다. 금성의 퇴폐적인 화려함과 다른, 소박하면서도 새로운 활력이 넘치고 있었다.

호족, 선종을 만나다

혜공왕 이후 신라의 임금은 150년 동안 무려 20명이 넘게 바뀌었다. 중앙의 정치가 어지러워지면서 왕의 권한은 지방에까지 이르지 못했다. 지방의 힘을 가진 사람들은 정부의 감시가 소홀해진 틈을 타서 독자적인 세력을 키워 나갔다. 김주원처럼 권력 다툼에서 밀려나 지방으로 내려온 진골 귀족들도 있고, 작제건처럼 해상 무역을 통해 돈을 번 사람들이나 평산 박씨처럼 지방 군대의 지휘관이었던 사람들도 있었다. 이들을 '호족'이라고 부른다.

호족들은 신라 사회에서 출세할 길이 없었다. 진골 귀족들에게만 혜택이 돌아가는 골품 제도 아래에서 관직을 얻을 수 없었기 때문이다. 그래서 호족들은 지방에 머무르면서 땅을 넓히고 군대를 길러 농민들을 지배해 나갔다. 이 무렵 신라에는 '선종'이라는 새로운 불교가 퍼져 나갔다.

'글과 말에 의지하지 말라. 마음이 중요한 것이다. 모든 사람의 마음속에 부처가 있다. 자기 마음속에 있는 부처님의 심성을 깨달아라.'

지금까지 신라 불교는 의상과 같은 진골 귀족들이 이끌었다. 이들은 당나라에 유학을 갔다 온 뒤 왕의 후원을 받아 큰 절을 세우고 넓은 땅을 가졌다. 그리고 부처님의 말씀이 적힌 불경을 외우고 뜻을 해석하면서 불교를 발전시켜 왔다. 이런 불교를 '교종'이라고 불렀다.

그런데 선종은 그들과 달랐다. 선종의 승려들은 불교 경전을 읽고 부처님 말씀을 외우는 것보다 본성을 깨닫는 것이 더 중요하다고 주장했다. 선종은 귀족이 아닌 보통 사람들의 마음을 끌어당겼다. 공부를 잘 못해도,

9산 선문
선종은 신라 말기의 혼란기에 크게 유행했다. 지방 호족 세력의 후원과 백성들의 환영을 받아 이 시기에 선종의 9개 종파인 9산이 세워졌다.

실상사
통일 신라 말기의 여러 선종 사원 가운데 하나이며, 전라북도 남원에 자리하고 있다.

글자를 잘 몰라도 열심히 믿고 깨닫기 위해 노력하면 부처님이 될 수 있다는 말은 아주 매력적이었다.

  선종은 예전부터 내려오는 질서나 권위를 중요하게 생각하지 않았다. '왕이 곧 부처이며, 귀족은 보살'이라는 생각에 맞서 '누구나 부처가 될 수 있다.'고 주장했다. 이런 말이 호족에게 '신라의 왕만 왕이 될 수 있는 건 아니다. 누구나 능력이 있으면 왕이 될 수 있다.'는 뜻으로 받아들여진 것은 아닐까? 호족은 선종을 통해 자신의 세력을 인정받고 싶어 많은 돈을 내어 절을 지었다. 선종 불교의 큰 절들은 금성이 아닌 지방에 세워졌고, 선종 승려들은 대부분 6두품이거나 지방 호족 출신이었다.

6두품, 새 시대를 꿈꾸다

철벽처럼 가로막고 있는 골품 제도 때문에 능력을 발휘할 수 없었던 사람들이 또 있었다. 바로 6두품이었다. 이들도 진골과 같은 금성의 귀족으로 진골과 함께 공부하고 함께 자랐지만 6등급 관직까지밖에 올라갈 수 없었다. 그래서 누구보다도 골품의 차별과 문제점을 뼈저리게 느끼고 있었다.

  6두품 출신의 많은 젊은이가 신라를 떠나 당나라로 유학을 떠났다. 이들의 최고 목표는 당나라의 빈공과에 합격하는 것이었다. 6두품 출신 최치원도 열두 살 어린 나이에 혼자 당나라로 유학을 떠났다.

  "10년 안에 과거에 합격하지 못하면, 너를 내 아들로 생각하지 않겠다."

  아버지의 마지막 말씀을 마음속 깊이 새긴 최치원은 당나라 사람들 사이에서 차별과 외로움을 이겨 내며 열심히 공부해 열여덟 살에 빈공과에 합격했다. 하지만 빈공과에 합격했다고 해서 당나라의 높은 관직에 오를 수 있는 것은 아니었다.

그러던 중에 당나라에서 황소가 이끄는 농민 반란이 일어났다. 이때 최치원은 황소를 꾸짖는 글을 써서 유명해졌으며, 황제로부터 금허리띠를 하사받기도 했다. 당나라에서 이름을 날린 최치원은 고국 신라로 돌아왔다. 어지러운 신라를 바로잡는 데 보탬이 되고 싶었던 것이다.

빈공과 합격생의 대부분은 신라인이었다. 그들은 최치원처럼 신라로 돌아와 선진국 당나라에서 배운 지식과 능력을 발휘하고 싶었다. 그러나 골품 제도는 그들을 받아들이지 않았다. 신라라는 나라가 존재하는 한, 골품의 벽은 넘을 수 없는 것처럼 보였다. 6두품 가운데에는 차라리 신라가 망하기를 바라는 사람들도 있었다. 6두품은 귀족 출신으로 신라의 지배층이었지만 오히려 신라를 반대하는 중심 세력이 되었다.

폭발하는 농민 봉기

887년, 진성 여왕이 왕위에 올랐다. 그동안 안으로 썩어 곪아 가던 신라의 상처가 한꺼번에 터져 나오기 시작했다. 왕과 귀족들의 사치스러운 생활이 계속되면서 나랏돈이 모두 다 떨어졌다. 지방 관리들은 세금을 걷어 금성으로 보내지 않고 자신들이 차지했다. 세금을 보내려고 해도 도둑 떼가 사방에서 나타나 보낼 수 없었다.

889년, 왕은 세금을 걷어 오라며 직접 관리들을 지방에 보냈다. 흉년이 거듭되어 식량은 더욱 부족해졌는데, 호족들은 물론 나라의 관리까지

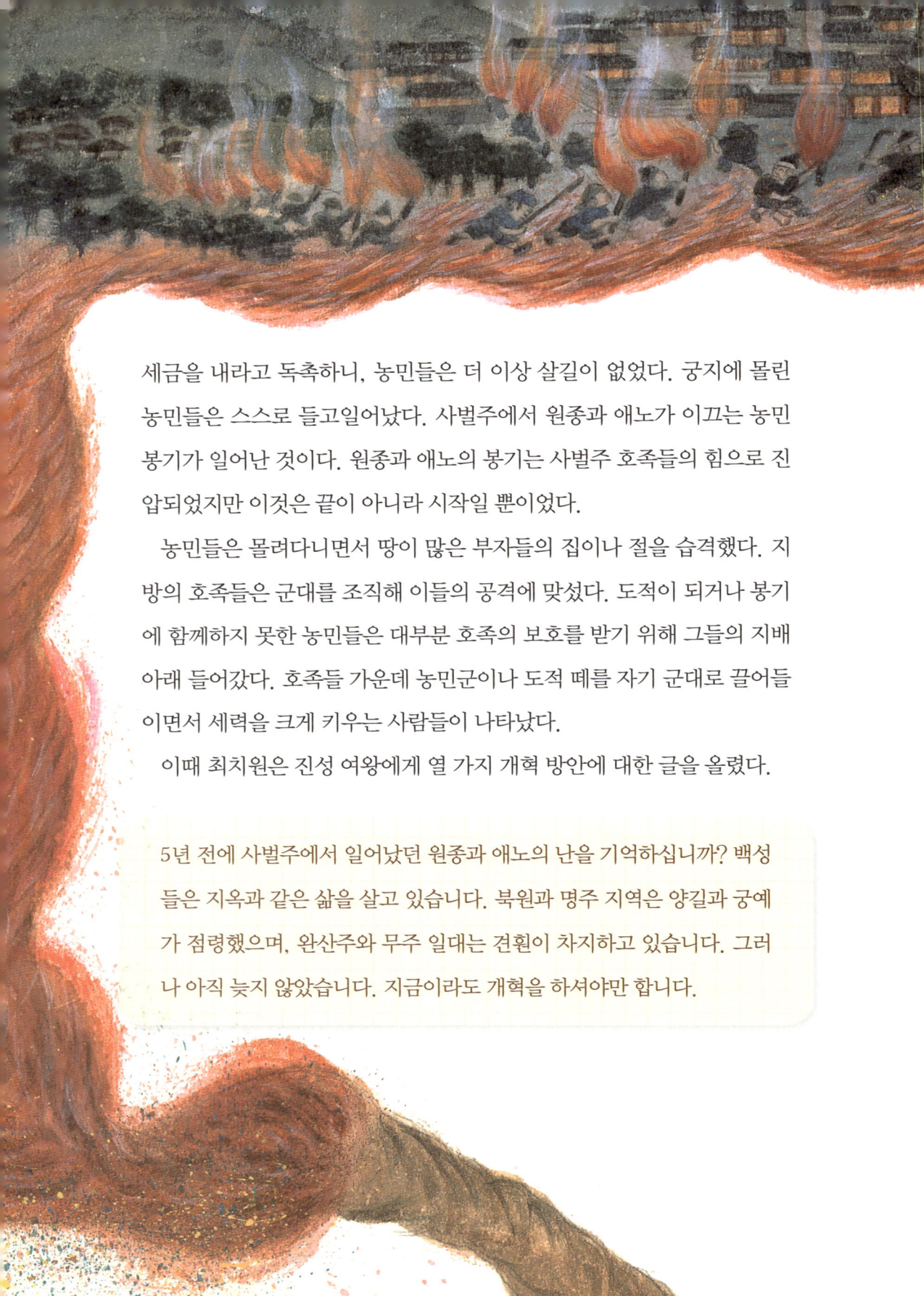

 세금을 내라고 독촉하니, 농민들은 더 이상 살길이 없었다. 궁지에 몰린 농민들은 스스로 들고일어났다. 사벌주에서 원종과 애노가 이끄는 농민 봉기가 일어난 것이다. 원종과 애노의 봉기는 사벌주 호족들의 힘으로 진압되었지만 이것은 끝이 아니라 시작일 뿐이었다.

 농민들은 몰려다니면서 땅이 많은 부자들의 집이나 절을 습격했다. 지방의 호족들은 군대를 조직해 이들의 공격에 맞섰다. 도적이 되거나 봉기에 함께하지 못한 농민들은 대부분 호족의 보호를 받기 위해 그들의 지배 아래 들어갔다. 호족들 가운데 농민군이나 도적 떼를 자기 군대로 끌어들이면서 세력을 크게 키우는 사람들이 나타났다.

 이때 최치원은 진성 여왕에게 열 가지 개혁 방안에 대한 글을 올렸다.

> 5년 전에 사벌주에서 일어났던 원종과 애노의 난을 기억하십니까? 백성들은 지옥과 같은 삶을 살고 있습니다. 북원과 명주 지역은 양길과 궁예가 점령했으며, 완산주와 무주 일대는 견훤이 차지하고 있습니다. 그러나 아직 늦지 않았습니다. 지금이라도 개혁을 하셔야만 합니다.

하지만 진성 여왕에겐 개혁을 추진할 힘이 없었고 귀족들은 개혁할 의지가 없었다. 최치원은 귀족들에게 실망했고, 아무것도 할 수 없는 자신에게 좌절했다. 신라는 되살아날 희망이 보이지 않았다. 895년에 세워진 해인사의 묘길상탑에서는 최치원의 글이 새겨진 벽돌 판이 나왔다.

> 나라 안에 농민들의 봉기가 일어나지 않는 곳이 없으며, 굶어 죽은 시체와 전쟁으로 죽은 해골이 들판에 별처럼 흩어져 있다.

전국이 농민 봉기로 들썩였고, 농민과 떠돌이, 거지와 도적과 장군의 구별이 흐려져 갔다. 자기 세력을 키우려는 호족들 사이에 크고 작은 전투가 끊임없이 일어났다. 그 속에서 골품 제도라는 낡은 질서는 완전히 무너졌고, 새로운 영웅이 나타나 새 시대를 준비하게 되었다.

해인사의 묘길상탑
최치원의 글이 새겨진 벽돌 판이 나온 탑이다. 해인사를 공격한 도적을 막다가 죽은 승려들을 추도하기 위해 만들었는데, 그 도적이 바로 몰락한 농민이었다.

만약에

내가 만약 신라 말의 6두품이었다면?

신라가 망해 가던 그때, 서로 다른 선택을 한 세 명의 6두품이 있었다. '신라 3최'로 불린 최치원, 최언위, 최승우는 모두 6두품이며 빈공과에 합격한 수재들이었지만 그들의 삶은 서로 달랐다. 마지막까지 신라의 개혁을 위해 애쓰던 최치원은 결국 산속으로 들어가 세상과의 인연을 끊고 지냈다. 최승우는 후백제를 세운 견훤을 선택했고, 최언위는 나중에 고려의 신하가 되어 왕건을 도왔다. 그들을 통해 들여다본 신라는 어땠을까?

사회자 지금 신라에는 농민들의 아우성이 울려 퍼지고 있습니다. 지방은 이미 호족들이 지배하고 있고, 힘센 호족인 견훤과 궁예는 후백제와 후고구려를 세웠습니다. 이러한 때에 우리 6두품들은 어떤 선택을 해야 할까요? '신라 3최'를 모시고 이야기를 들어 보도록 하겠습니다. 먼저 최치원 님 모셨습니다. 열두 살에 조기 유학을 떠나 열여덟 살에 빈공과에 당당하게 합격하고, 당나라에서도 이름을 날린 자랑스런 6두품입니다.

최치원 과분한 소개에 감사드립니다. 여러분도 아시다시피 저는 당나라에서 나름대로 인정을 받았습니다. 그러나 그것을 뿌리치고 신라로 돌아온 이유는 내가 신라 사람이기 때문입니다. 물론 신라는 우리 6두품을 받아들이지 않습니다. 그러나 우리가 함께 힘을 합쳐 신라의 여러 문제점들을 고쳐 나간다면 분명히 예전의 잘 나가던 신라로 돌아갈 수 있을 것입니다. 우리에게 조국은 신라뿐입니다.

최승우 지금 필요한 것은 썩은 나라에 충성하는 것이 아닙니다. 개혁과 실천이 중요합니다.

사회자 최승우 님은 방금 당나라에서 귀국하셨는데, 어떻게 생각하십니까?

최승우 신라는 골품 제도라는 낡은 신분 제도를 고집하면서 진골 귀족들만의 나라를 만들어 왔습니다. 신라가 나를 받아들이지 않는다면 나를 필요로 하는 새로운 나라를 만들면 됩니다. 새 세상을 만들 수 있는 힘을 가진 사람을 찾아가서 우리의 능력을 발휘하는 것이야말로 보다 적극적으로 시대를 헤쳐 나가는 방법이라고 생각합니다.

사회자 최언위 님은 어떻게 생각하십니까?

최언위 혼란의 시대에는 영웅이 등장하게 마련입니다. 또한 영웅에게는 지혜로운 사람이 필요하지요. 우리가 가진 능력을 발휘할 수 있는 좋은 기회입니다. 그러나 시대가 몹시 어지러우니만큼 선택도 신중해야겠죠. 누가 새 시대의 주인공이 될 것인가, 누가 백성을 구할 진정한 영웅인가를 깊이 고민해야 한다고 봅니다.

사회자 신라의 신하로 살 것인가, 아니면 새 나라를 세우는 데 힘을 보탤 것인가. 중요한 선택의 상황이 되었습니다. 6두품 여러분들, 아무쪼록 현명한 선택을 하시기 바랍니다.

연표

우리나라		다른 나라
598년	고구려, 수나라 문제의 1차 침입을 격퇴하다.	589년
612년	수나라 양제의 침입을 맞아 요동성을 굳게 지키다.	수나라, 중국을 통일하다.
	살수 대첩, 을지문덕이 수나라 군대를 대파하다.	610년 무함마드, 이슬람교를 창시하다.
		618년 수나라 멸망 후 당나라가 서다.
		622년 이슬람 기원 원년, 헤지라

631~647년 — 고구려, 국경에 천리 장성을 쌓다.
642년 — 고구려 연개소문, 영류왕을 죽이고 보장왕을 세워 권력을 차지하다.
백제, 신라의 대야성을 점령하다.
신라 김춘추, 고구려에 군사 원조를 요청하다.
645년 — 고구려, 당 태종의 침입을 안시성에서 물리치다.
신라, 황룡사 9층 탑을 완성하다.

648년	신라 김춘추, 당나라에 군사 원조를 요청하다.
654년	신라 김춘추, 태종 무열왕으로 즉위하다.
660년	나·당 연합군 백제를 공격하다. 웅진성이 함락되고 백제가 멸망하다.
663년	백강 전투에서 왜의 지원군과 합류한 백제 부흥군이 나·당 연합군에게 전멸당하다.
665년	고구려, 연개소문 사망하다.
668년	나·당 연합군의 공격으로 평양성이 함락당하고 고구려가 멸망하다. 당나라, 평양에 안동 도호부를 설치하다.
670년	검모잠이 안승을 왕으로 추대하고 고구려 부흥 운동을 펼치다.
675년	신라, 매소성 전투로 당나라의 육군을 물리치다.
676년	신라, 기벌포 전투에서 승리하며 나·당 전쟁을 끝내다.
682년	신라 신문왕, 국학을 세우다.
685년	신라, 9주 5소경을 완성하다.
687년	신라 신문왕, 관리에게 관료전을 지급하다.
689년	신라 신문왕, 녹읍을 없애다.

698년	대조영이 '진'을 세우다.
713년	당나라가 대조영을 '발해 군왕'으로 인정하자 나라 이름을 '발해'로 바꾸다.
721년	신라, 발해 공격에 대비하기 위해 동해안 북쪽 국경에 장성을 쌓다.
722년	신라, 정전을 지급하다.
723년	혜초, 인도 순례를 떠나다.
727년	발해 무왕, 일본에 사신을 보내기 시작하다.
728년	일본, 발해에 사신을 보내기 시작하다.
732년	발해 무왕, 장문휴를 시켜 당나라의 덩저우를 공격하다.
733년	당나라와 신라가 발해를 공격하다.
737년	발해, 문왕이 즉위하다.
751년	신라 김대성, 불국사를 짓기 시작하다.
755년	발해, 상경으로 수도를 옮기다.
757년	신라, 녹읍이 부활하다.

755년
당, 안녹산의 난이 일어나
쇠퇴하기 시작하다.

765년	신라, 혜공왕이 즉위하다.
768년	신라, 대공의 난을 시작으로 진골 귀족들 사이에 왕위 다툼이 계속되다.
771년	신라, 성덕 대왕 신종이 완성되다.
780년	신라, 김지정의 난이 일어나 혜공왕이 사망하다.
788년	신라, 독서삼품과를 설치하다.
792년	발해, 정효 공주가 죽어 무덤을 만들다.
818년	발해, 선왕이 즉위해 전성기를 맞이하다. 당나라가 발해를 '해동성국'이라 부르다.
822년	신라, 김헌창의 난이 일어나다.
828년	신라 장보고, 청해진을 설치하다.
839년	신라, 장보고의 군사 지원으로 신무왕이 즉위하다.
846년	신라, 장보고가 피살되고 청해진 폐쇄되다.
872년	발해 사람 오소도가 당나라 빈공과 시험에 장원 급제하다.
874년	신라 사람 최치원이 당나라 빈공과 시험에 장원 급제하다.
889년	신라, 정부가 세금을 독촉하자 전국에서 농민들의 봉기가 일어나다. 원종과 애노가 사벌주에서 봉기를 일으키다.

875년

당나라, 황소의 난이 일어나다.

892년	궁예, 원주 지역을 차지한 양길의 부하가 되다.
894년	궁예, 독자적 세력을 형성하다.
896년	붉은 바지를 입은 무리가 신라 수도 모량리까지 들어오다.
897년	발해 왕자 대봉예가 당나라에 사신으로 가서 신라 사신보다 윗자리에 앉기를 청하다.
900년	견훤, 후백제를 세우다.
901년	궁예, 후고구려를 세우다.
918년	왕건, 궁예를 몰아내고 고려를 세우다.
926년	발해, 거란의 공격을 받아 멸망하다.
927년	견훤이 신라 수도 금성을 공격해 경애왕을 살해하다.
934년	발해 세자 대광현이 유민들을 이끌고 고려로 망명하다.
935년	경순왕이 고려에 항복해 신라, 멸망하다.

907년	당나라, 멸망하다.
916년	거란, 나라를 세우다.

사진 자료 제공

게티 이미지
불국사 전경(76쪽)

국립경주박물관
금동초심지 가위(71쪽), 상감 옥 장식 목걸이(101쪽),
녹유 귀면와(107쪽), 집 모양 뼈 그릇(107쪽),
풍로(107쪽)

국립중앙박물관
정림사지 5층 석탑(37쪽),
《무구 정광 대다라니경》(77쪽), 성덕 대왕 신종(89쪽)

권태균
미륵사지 석탑(25쪽), 감은사지 3층 석탑(51쪽),
발해 영광탑(68쪽), 용장사지 3층 석탑(79쪽),
완도 청해진 유적 터(90쪽),
괘릉을 지키는 무인석(101쪽), 실상사(111쪽)

《발해를 찾아서》
상경성 터(97쪽)

서울대학교 박물관
고구려 온돌(69쪽), 고구려 토기(69쪽)

신라 역사 과학관
십일면 관음보살(85쪽)

연합포토
문무대왕릉(50쪽)

일본 도쿄대학 문학부
이불 병좌상(69쪽)

전쟁기념관
동모산(58쪽), 발해 석등(97쪽)

《조선고적도보》
금강역사(85쪽)

《조선 유적 유물 도감》
백호(46쪽), 주작(46쪽), 청룡(47쪽), 현무(47쪽),
발해 기와와 치미(69쪽),
발해 성터에서 발견된 온돌(69쪽),
발해 토기(69쪽)

• 저작권자를 찾지 못해 게재 허락을 받지 못한 일부 사진에 대해서는 저작권자가 확인되는 대로 허락을 받고 사용료를
지불하도록 하겠습니다.

찾아보기

ㄱ
감은사지 3층 석탑 • 51
걸걸중상 • 56
걸사비우 • 56
검모잠 • 41, 42
견훤 • 114, 116
경덕왕 • 88
계림 도독부 • 42
계백 • 33, 36
고연무 • 42
관료전 • 54
관창 • 35
교종 • 110
9서당 • 53
9주 5소경 • 53
국학 • 52
궁예 • 114
기벌포 • 42
김균정 • 89
김대성 • 76, 78
김우징 • 89, 92
김유신 • 26, 29, 42, 55
김제륭 • 89
김주원 • 110
김춘추 • 25, 27, 30, 32
김흠돌 • 51

ㄴ
나·당 전쟁 • 58
내호아 • 17
녹읍 • 53, 88

ㄷ
다보탑 • 77
대광현 • 97
대막리지 • 20, 27
대문예 • 61, 62
대봉예 • 93, 94
대조영 • 56, 60
도침 • 38
독서삼품과 • 88
동모산 • 58, 63

ㅁ
만파식적 • 54
매소성 • 42
묘길상탑 • 115
《무구 정광 대다라니경》• 77
무열왕 • 32
무왕 • 24, 60, 62, 66
문무왕 • 42, 50
문왕 • 63, 93
미륵사 • 24

ㅂ
반굴 • 35
발해 영광탑 • 68
백암성 • 20
보장왕 • 20, 27, 41, 56
복신 • 38
부여풍 • 38
불국사 • 78, 88
빈공과 • 112, 113

ㅅ
사신도 • 46
살수 대첩 • 18
3성 6부 • 93
상경 • 93, 95, 96
상대등 • 32, 52
석가탑 • 77
석굴암 • 78, 80, 84, 88
선덕 여왕 • 26, 32
선종 • 110, 112
설인귀 • 42
성덕 대왕 신종 • 89
성덕왕 • 88
성왕 • 25
소정방 • 33, 37, 40
솔빈부 • 63

신문왕 • 51, 54, 88

ⓞ
안녹산 • 67
안동 도호부 • 41, 42
안승 • 41, 42
알천 • 32
애노 • 114
연개소문 • 19, 27, 40
연남생 • 40
영류왕 • 19, 20
왕건 • 108, 116
《왕오천축국전》 • 83
우문술 • 15
우중문 • 15
원술 • 42
원종 • 114
원효 • 72
월명사 • 80
윤충 • 25
을지문덕 • 15, 17
의상 • 72, 110
의자왕 • 25, 33, 37

ⓩ
작제건 • 108, 110

장문휴 • 62
장보고 • 89, 90, 108
정효 공주 • 67, 68
〈제망매가〉 • 81
진나라 • 12
진덕 여왕 • 32, 113, 114
진지왕 • 26
진평왕 • 26
집사부 • 52

ⓒ
천리 장성 • 18
천문령 • 57
천축국 • 82
청천강 • 17
청해진 • 90, 99, 108
최승우 • 116
최언위 • 116
최치원 • 112, 114, 116

ⓔ
태종 • 20, 30
토함산 • 78

ⓟ
팔뚝돌 • 84

패강진 • 108
평양성 • 12, 17, 41
평원왕 • 12
품석 • 25

ⓗ
해동성국 • 93, 95
향가 • 80
향찰 • 81
헌강왕 • 106
혜공왕 • 88, 103, 110
혜초 • 72, 82
호족 • 110, 112, 113
홍요국 • 97
화랑 • 26, 32, 81
화백 회의 • 51
화엄 사상 • 75
황산벌 • 34
황소 • 113
후고구려 • 116
후백제 • 116
흉노 • 30
흑수말갈 • 60, 62
흑치상지 • 38
흥덕왕 • 89, 99
흥수 • 33

125

제대로 한국사 2 삼국에서 남북국으로

1판 1쇄 발행일 2008년 1월 7일
개정판 1쇄 발행일 2015년 10월 26일
개정2판 3쇄 발행일 2022년 4월 29일

지은이 전국역사교사모임

발행인 김학원
발행처 휴먼어린이
출판등록 제313-2006-000161호(2006년 7월 31일)
주소 (03991) 서울시 마포구 동교로23길 76(연남동)
전화 02-335-4422 **팩스** 02-334-3427
저자 · 독자 서비스 humanist@humanistbooks.com
홈페이지 www.humanistbooks.com
유튜브 youtube.com/user/humanistma **포스트** post.naver.com/hmcv
페이스북 facebook.com/hmcv2001 **인스타그램** @human_kids

편집 박민영 **디자인** 유주현 고문화 AGI **일러스트** 이은주 임근선
용지 화인페이퍼 **인쇄** 삼조인쇄 **제본** 광현

글 ⓒ 전국역사교사모임, 2008
ISBN 978-89-6591-407-5 74910
ISBN 978-89-6591-405-1 74910(세트)

- 이 책은 《행복한 한국사 초등학교 2》의 개정판입니다.
- 이 책은 저작권법에 따라 보호받는 저작물이므로 무단 전재와 무단 복제를 금합니다.
- 이 책의 전부 또는 일부를 이용하려면 반드시 저작권자와 휴먼어린이 출판사의 동의를 받아야 합니다.
- **사용 연령 8세 이상** 종이에 베이거나 긁히지 않도록 조심하세요. 책 모서리가 날카로우니 던지거나 떨어뜨리지 마세요.

선생님들이 가장 많이 추천한 이보다 좋을 수 없는 최고의 한국사!

이렇게 재미있는 역사책이 있었던가? 꼭 있어야 할, 그리고 꼭 있었으면 하는 내용과 자료가 들어 있는 구성 덕분에 부모와 교사도 아이와 함께 읽으면 좋다. 흥미진진하고 역사 고증에도 충실한, 말 그대로 이보다 좋을 수 없는 한국사 교양서이다.
- **김성전** 서울수리초등학교 교사

《제대로 한국사》는 재미있고 풍성하다. 무엇보다 생동감이 있어서 마치 영화를 보고 있는 듯한 착각에 빠져든다. 인물, 사건, 제도가 아니라 조상들의 지혜, 용기, 희망 등을 전하고자 하는 역사 선생님들의 노력이 느껴진다. 역사를 왜 공부해야 하는지, 역사가 미래에 어떤 도움이 될지 잘 알려 주는 책이다.
- **이강무** 서울인창중학교 교사

5학년 사회 수업 보조 교재로 꼭 안성맞춤인 역사책이다. 한국사를 이해하는 데 꼭 필요한 내용만 엄선해 쉽게 썼다. 교과서의 흐름에 맞춘 탄탄한 내용 구성은 아이들이 역사를 이해하는 데 도움을 주고, 여러 인물의 이야기는 아이들이 역사에 더 가깝게 다가가도록 돕는다.
- **김형도** 광주새별초등학교 교사

"역사를 잊은 민족에게 내일은 없다." 아이들에게 역사를 제대로 가르쳐야 하는 까닭도 바로 여기에 있다고 생각한다. 교과서만으로는 우리 역사를 깊이 알기 어렵다. '제대로 된' 역사책으로 우리 아이들에게 역사를 알아 가는 기쁨을 주고 싶다.
- **진현** 화성제암초등학교 교사

《제대로 한국사》는 오랫동안 학생들을 가르쳐 온 역사 선생님들이 아이들의 눈높이에 맞춰 흥미로운 이야기로 역사를 들려준다. 아이들이 역사 속으로 푹 빠져 재미있게 읽으면서 동시에 역사 공부도 할 수 있는 멋진 책이다.
- **최운** 남양주판곡초등학교 교사

흥미진진한 자기 주도 역사책. 사료에 기반한 역사적 사실들이 생동감 있게 아이들의 눈앞에 펼쳐진다. 교과서의 어려운 용어와 개념보다 생생한 과거 '사람들의 이야기'가 되살아난다. 아이들이 고개를 끄덕이며 쉽게 읽을 수 있는 진정한 드라마이다.
– 맹수용 의정부중학교 교사

어려운 역사적 용어와 개념을 딱딱한 단어들 앞에 묶어 두지 않고 백성들의 소리로 전달했다. 아이들이 술술 읽으면서 옛사람들이 살았던 시대와 삶을 생생하게 경험해 볼 수 있는 책이다. 이 책에는 아이들이 가진 역사에 대한 거부감의 원인이 무엇인지 알고, 그것을 해결하려 고민한 흔적이 여실히 드러나 있다.
– 나해린 양주고등학교 교사

교과서 속 인물들이 책에서 빠져나와 살아 움직이며 활기 넘치는 모습으로 이야기를 전해 준다. 역사가 재미없는 과거 사실의 나열이 아니라, 나와 같은 사람들이 울고 웃으며 생활했던 모습이 담겨 있는 옛날이야기라는 것을 보여준다.
– 손언희 김해삼성초등학교 교사

굵직한 역사적 사건들을 작은 역사적 사실과 연결해 역사를 쉽게 만나게 한다. 역사책은 딱딱하다는 고정 관념을 버릴 수 있게 한 구성이 마음에 든다. 역사를 처음 만나는 아이들에게는 눈높이 역사 교과서이고, 학부모에게는 흥미진진한 역사 교양 안내서이다.
– 김동국 부산정관초등학교 교사

내 친구들의 이야기, 내 이웃의 이야기를 읽는 것 같아 친근하다. 그러면서도 주변 사람과의 관계를 생각하게 하고, 사회와 나의 관계, 더 나아가 세계 속의 나를 생각해 볼 수 있게 하는 책이다. 한 편의 이야기를 읽듯 쉽고 재미있다.
– 배병록 서천초등학교 교사